KB140044

기층문화와 민족주의

파라과이 민족 정체성과 과라니 문화

기층문화와 민족주의

파라과이 민족 정체성과 과라니 문화

구경모 지음

이 저서는 2012년 정부(교육부)의 재원으로 한국연구재단의 지원을 받아 수행된 연구임(NRF-2012S1A6A4021633)

라틴아메리카 민족주의에 대한 본격적인 관심은 10년 전으로 거슬러 올라간다. 크리오요 중심의 라틴아메리카 민족주의 분석에 의문이 생기면서 원주민 문화가 민족주의에 미친 영향에 관심을 두게 되었다. 이 의문은 필자의 주 연구대상 지역인 파라과이를 처음 방문하면서 시작되었다.

2004년부터 2007년까지 파라과이를 현지조사하면서 가장 인상 깊었던 것은 거의 모든 사람들이 과라니어를 구사하는 모습이었다. 당시 아순시온에서 같이 살았던 식구들은 필자와 말 할 땐 스페인어를 사용하다가 그들끼리 대화할 땐 곧바로 과라니어를 사용하였다. 지방의 소도시인 비야리카에서 살 때는 더욱 심했는데, 함께 살던 식구들은 과라니어를 주로 사용했다. 식구들은 필자가 있을 땐 배려의 차원에서 스페인어로 얘기하다가도 답답했는지 이내 과라니어로 바꾸어 서로간의 대화를 이어갔다.

필자는 인류학자들이 축적해 놓은 현지조사방법에 따라 그들과 장기간 같은 집에서 숙식하면서 라포를 형성하였고, 가족처럼 지냈다. 지금도 당시의 가족들을 방문하거나 SNS로 연락할 때, 그들은 필자를 자녀같이 혹은 형제, 남매같이 대해준다. 그럼에도 불구하고 필자는 같이 살던 당시에 그들과 다른 이방인으로 느낄 수밖에 없었는데, 그 이유는 국적도 피부색도 아닌 언어 때문이었다.

물론 반대의 효과도 있었다. 필자가 처음 만나는 파라과이 사람들에게 과라니어 몇 마디를 구사하면 그들은 이내 친밀감을 표시하였다. 몇 마디의 과라니어는 현지조사를 할 때 나에게 있어 '강력한 무기'가 되었다. 2007년 7월경에는 비야리카에서 알던 한 부부와 아르헨티나의 파라과이 이민자 커뮤니티를 방문할 기회가 있었다. 이 부부의 딸과 친척은 부에노스아이레스 인근 도시에 살고 있었다. 부에노스아이레스에서 파라과이 사람들이 모여 사는 도시로 버스가 진입하니 주변에서 과라니어 소리가 웅성웅성 들려왔다. 그 때 알 수 없는 편안함과 반가움이 밀려왔다. 마치 외국에서 한국어를 들었을 때와 같은 느낌이었다. 파라과이에서 몇 년 살지 않는 필자도 이런 감정을 느낄 지인데, 파라과이 사람들은 오죽할까라는 생각이 들었다.

그날 밤 필자는 부부의 언니 집에 숙소를 정하였다. 필자는 언니 집에 얹혀사는 그들의 친척인 한 젊은 친구와 숙소 근처 동네 식당을 갔다. 그 부부와 언니는 필자에 비해 나이가 부모뻘 이었기에 그들과 지내면 심심할까봐 배려차원에서 그 친구와 함께 밖으로 내보냈다. 그 식당은 간단한 요깃거리와 술을 마실 수 있는 공간이었다. 파라과이 커뮤니티답게 파라과이 이민자들이 그 공간을 가득 메우고 있었다. 낯선 타국의 식당에 동양인이 들어서니 순간적으로 관심의 대상이 되었다. 파라과이 사람들은 외국인에게 통과의례처럼 으레 과라니어를 말할 줄 아냐고 묻는데 여기서도 예외 없이 호기심 많은 파라과이 이민자 몇 명이 다가와 그 질문을 던졌다.

　당시에 아르헨티나는 겨울이라서 매우 추웠는데, 그 해 따라 너무 추워서 얼음까지 얼 정도였다. 그래서 필자는 '나 추워'라는 뜻의 쉐로으(Che Ro'y)라는 과라니어를 말했고, 필자에게 다가온 이민자들은 신기했는지 몇 가지 기본적인 과라니어를 더 물어보았다. 그럭저럭 대답을 하자, 식당에 있던 파라과이 이민자들의 이목이 순간 집중되었고 필자는 쉽게 그들의 일원이 될 수 있었다.

　한국인이 한국어를 잘하는 외국인에게 친밀감을 느끼는 것과 마찬가지로 파라과이 사람들에게 있어 '마음'의 국어(國語)는 스페인어가 아닌 과라니어인 것이다. 원주민이 아닌 국가의 구성원들이 원주민 언어를 일상에서 사용하는 경우는 라틴아메리카에서도 파라과이가 유일하다. 이처럼 파라과이 사람들의 정체성에 과라니 문화가 깊게 자리 잡은 것을 두 눈으로 확인하면서 파라과이의 민족주의에 대한 연구의 필요성을 느꼈다.

　그 연구는 2010년에 발표한 "파라과이 민족국가 형성에 있어 과라니어의 역할"과 "식민시기 파라과이와 브라질 경계의 형성 과정"이라는 논문들을 통해 시작하였다. 이 책의 기본적인 생각과 틀은 이 논문들에 바탕을 두고 있다. 다만, 이 논문을 작성했을 때는 10년 전이기 때문에 그 기간 동안 라틴아메리카와 파라과이 관련 민족주의 이론과 상황들을 담아내고자 노력하였다. 그런 노력들은 2016년 "라틴아메리카 민족주의와 지역통합, 에스닉: 파라과이의 사례"와 2017년 라틴아메리카 민족주의 경향과 분석틀에 관한 고찰이라는 논문을 통해 이루어졌다.

이 책은 크게 다섯 부분으로 구성되어 있다. 각 장들은 파라과이 민족 정체성의 형성과정을 보기 위해 역사적인 흐름에 따라 서술하였다. 1장과 2장은 연구배경과 이론적인 부분으로써 위 논문들의 내용을 바탕으로 작성한 것이다. 3장은 선사시대부터 식민시기까지 과라니 언어공동체가 형성되는 과정을 서술하였다. 4장은 "식민시기 파라과이와 브라질 경계의 형성 과정"의 내용을 바탕으로 과라니 언어공동체가 식민시기부터 근대국가를 거치면서 물리적 경계로 수렴되는 과정을 다루었다. 5장은 "원주민에서 국민으로: 프란시아 정부의 과라니 통합정책"을 토대로 독립 이후부터 20세기까지 근대국가 형성 단계에서 정책적으로 과라니 문화를 파라과이의 민족 정체성으로 만드는 과정, '과라니 민족주의'의 탄생에 대해 기술하였다. 6장은 21세기 이후 과라니 문화의 제도화 과정을 통해 초국적 흐름에서도 '과라니 민족주의'가 더욱 공고해지는 현상에 대해 설명하였다.

과라니 문화 가운데서도 기층문화로써 파라과이 사람들의 일상에서 주로 소비되고 있는 과라니어와 음료(떼레레), 음악(과라니아, 파라과이 하프) 등을 중심으로 다루었다. 특히 마지막 장에서는 파라과이 정부가 다문화주의와 복수민족주의를 동원하여 '근대적 민족주의'

가 재현되는 모습을 그리고 있다. 이는 마치 신자유주의에 의해 파국으로 치달을 것 같던 자본주의가 사회주의적 사상을 차용하여 진화하고 있듯이, 초국적 상황에서 퇴보할 것 같던 민족주의도 다원주의 사상을 받아들여 진화를 거듭하고 있다.

이 책을 쓰면서 많은 분들이 조언과 충고를 해주셨다. 그 중에서도 책이 나올 수 있도록 끊임없이 독려해주신 중남미지역원 원장, 임상래 교수님과 초고를 읽고 아이디어를 나누며 사진을 제공해준 최명호 교수님, 글을 꼼꼼하게 읽고 조언해주신 조영현 교수님, 지도 작업을 도와 준 석사과정생 수시벨에게 고마움을 전한다.

2020년 8월
금정산 자락 연구실에서 구경모

차
례

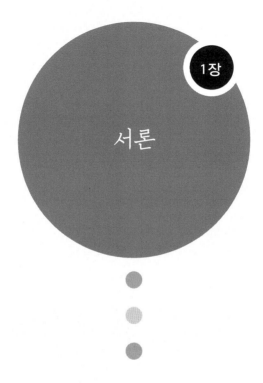

1장

서론

1. 왜 원주민 문화인가?
2. 왜 파라과이이며 과라니인가?

1
왜 원주민 문화인가?

　　라틴아메리카 민족주의 형성에 관한 지배적인 해석은 당시 엘리트 계층이었던 크리오요들의 독립 열망에서 나타났다고 보는 것이다. 프랑스 혁명과 미국의 독립전쟁을 목도한 크리오요들은 자유주의 사상에 매료되었고, 이들은 스페인 왕정으로부터 분리되기를 원했다. 이베리아 반도의 피를 고스란히 물려받았지만, 사회문화적으로 본국 사람들로부터 구별 당했던 크리오요들은 근대 국가 건설을 위한 실천으로서 독립 혁명과 민족주의 운동을 주도하였다. 이들의 독립 의지는 식민지를 거치면서 축적된 크리오요들의 유대감과 동질성의 발현에 기댄 것이었다(Anderson 1983). 시몬 볼리바르와 산 마르틴의 예처럼 크리오요는 동시다발적으로 라틴아메리카의 각 국가가 식민 본국으로부터 분리되어 근대국가 체계를 갖추는데 주도적인 역할을 담당하였다.

　　하지만 라틴아메리카는 다양한 인종집단이 모여 있었다. 인구의 다수를 차지하고 있는 메스티소와 원주민들은 원주민 혈통이라는 공통성이 있지만, 크리오요는 그렇지 않았다. 크리오요가 독립을 이끈 지도자의 역할을 했지만, 라틴아메리카 인구의 다수를 차지하고 있는 다른 인종을 끌어안는 것은 숙제였다. 더구나 크리오요는 그들의 독립 이데올로기인 자유주의 사상을 바탕으로 스페인 왕실에 대항하고 공화주의로 나가기 위해 문화적 배경이 다른 인종과 종족들을 하나의 '국민'으로 묶는 작업이 필요했다.

독립 이후 라틴아메리카의 각 국가에서는 원주민을 군대에 편입시키거나 원주민 마을을 해체하는 등 다양한 방법을 동원하여 원주민을 '국민'으로 통합하고자 하는 정책들이 시도되었다. 그러나 그들 스스로가 멕시코인 혹은 페루인, 볼리비아인, 파라과이인으로 인식하는 것은 또 다른 문제였다. 국가 경계안의 구성원들이 하나의 정체성을 느끼는 것은 법과 제도, 행정 정책만으로는 불가능했다. 복수의 인종들을 단일하게 엮을 수 있는 공통분모로서 문화적 장치가 필요했는데, 그것이 바로 원주민 문화였다.

아즈텍의 신화로 유명한 장면인 독수리가 선인장 위에서 뱀을 움켜쥐고 먹는 모습이 멕시코 국기에 포함된 것은 우연이 아니다. 근대국가의 상징인 국기에 원주민 신화의 내용이 포함 된 것은 다수 구성원인 메스티소와 원주민의 유대감을 이어주는 표상으로 작동했기 때문이다. 이와 유사하게 라틴아메리카의 각 국가는 해당 국가를 상징하는 성모 신앙이 있다. 예를 들어 멕시코의 과달루페 성모(Virgen de Guadalupe)와 파라과이의 카아쿠페 성모(Virgen de Caacupé) 발현 신화의 공통점은 원주민이 주인공으로 등장한다는 점이다. 게다가 성모의 피부색도 짙은 갈색으로 표현된다. 이처럼 국가 상징물에 원주민적 요소를 덧씌우는 것은 다양한 인종을 통합하여 국가 정체성을 고취하기 위한 전략이라 볼 수 있다.

라틴아메리카의 국기와 성모신앙의 예는 빌리그(1995)의 표현을 빌리자면, 일상의 민족주의(Banal Nationalism)[1]라는 맥락에서 이해될 수 있다. 이처럼 라틴아메리카의 각 국가들은 독립 이후 다양한 인종을 통합하기 위해 일상생활 영역에서 국가 정체성을 상징하는 문화적 장치를 끊임없이 동원하고 있다. 이것이 바로 라틴아메리카 민족주의를 성찰하기 위해 원주민 문화의 영향력을 간과할 수 없는 이유이다.

---

1) 일상의 민족주의(Banal Nationalism)는 일상의 삶에서 느끼는 민족주의적 요소들을 말한다. 예를 들면 국민의례와 국가(國歌), 국기(國旗), 국화(國花), 국경일, 화폐 등이 포함된다. 이 같은 국가를 상징하는 요소들은 스포츠 대항전이나 학교, 박물관, 방송 등 다양한 경로를 통해 우리의 일상에 영향을 미친다. 이러한 요소와 장치들은 국민들을 마치 혈연 집단처럼 느끼게 하여 국가 정체성 형성에 기여한다(Billlg, 1995).

2
왜 파라과이이며 과라니인가?

라틴아메리카에서 과라니(Guaraní)는 문화적으로 꽤 중요한 원주민 집단이다. 라틴아메리카의 각 종족[2]들의 중요성을 판단하는 것은 무리가 있지만, 과라니는 식민 시기부터 현재까지 한 국가의 기층문화이자 일상문화로 존재하고 있다는 점에서 특별하다. 아즈텍과 마야 문명과 잉카 문명 등은 찬란한 문화유산을 남겼지만, '박제화 된 문화'에 가깝다. 그들의 문화는 박물관에서 더 돋보이며 유난히 빛난다.

과라니 문화는 파라과이 사람들의 일상에 남아 전승되고 있다는 점에서 가치가 있다. 파라과이 국민 모두는 과라니 원주민이 아님에도 불구하고 과라니어와 문화를 소비하고 공유한다. 이런 면에서 과라니 문화는 박제화 된 유산이 아니라 파라과이 사람들의 생활 전반에 영향을 미치고 있다. 물론 과라니 문화가 모든 일상 영역을 지배하는 것은 아니지만, 한 국가의 기층문화로서 모든 구성원이 향유하는 언어와 예술, 음식, 의복, 사고 등에 고루 영향을 끼치고 있다는 점은 다른 라틴아메리카 국가들과 차별되는 면이다.

멕시코와 페루, 볼리비아를 비롯한 국가들은 원주민의 비율도 높

---

2) 여기서 종족(ethnic group)을 말한다.

고 그와 관련된 민족주의도 강하게 나타나지만, 파라과이처럼 모든 국민들이 원주민 문화를 향유하지 않는다. 실제로 멕시코에서는 원주민 문화가 원주민이 아닌 국민들에 의해 공유되지 않는다. 이들 국가의 원주민 문화는 원주민을 통해서만 계승되고 있기 때문에 모든 국민들의 일상 문화로써 기능하지 않는다. 예컨대 멕시코 정부는 나우아틀어를 포함하며 67개의 원주민 언어를 공용어로 지정했지만, 일부 원주민을 제외한 국민들은 스페인어를 사용한다. 이러한 사정은 페루와 볼리비아도 마찬가지이다. 오히려 원주민들이 다수의 국민들과 소통하거나 공적 교육 및 문서에 접근하기 위해 스페인어를 사용하고 있다.

이에 비해 파라과이는 백인과 원주민의 혼혈인 메스티소가 전 국민의 98%에 이르지만, 과라니어를 대중적인 의사소통수단으로 사용하고 있다3). 언어는 사고체계이자 문화의 저장고이다. 파라과이 국민들이 과라니어를 일상에서 자유롭게 사용한다는 사실은 과라니 문화가 파라과이에서 기층문화로서 작동하고 있다는 것을 의미한다. 그 사고의 기저에서 민족정체성이 표출되는 것이다.

이 같은 연장선에서 파라과이는 라틴아메리카에서 원주민 혹은 원주민 문화가 근대 국가 정체성 형성에 미친 영향을 탐구할 수 있는 국가 중의 하나이다. 지금까지 민족주의 연구는 주로 거대 담론을 통해 분석함으로서 개별 사례와 그 특수성을 부각하는데 인색하였다. 라틴아메리카의 경우만 하더라도 각 국가마다 인종 및 종족

---

3) 파라과이 국민들이 사용하는 과라니어는 과라니어에 스페인어가 일부 섞인 형태이다. 이를 요파라 혹은 조파라(Yopará o Jopará)라고 부른다. 이 용어는 과라니어인데, 그 뜻은 '혼합', '섞임' 이다. 과라니어는 지역간, 세대간, 교육 수준에 있어 사용에 차이가 난다. 일반적으로 농촌에 거주하고 교육 수준이 낮고 나이가 많을수록 과라니어 사용 비율이 높다.

구성이 상이하여 그에 따른 민족주의가 다양하게 표출된다. 소위 원주민들이 많은 국가와 흑인 비율이 높은 국가, 백인 비율이 높은 국가들은 서로 다른 민족주의적 경향과 배경, 특징을 지니고 있다.

민족주의라는 거대 담론 혹은 그와 관련된 구조도 중요하지만 각 국가별 혹은 지역별, 권역별 특수성을 보는 틀로써 민족주의에 대한 접근도 필요하다. 이는 민족주의 연구에 있어 또 다른 담론을 생산하는데 기여할 수 있다. 파라과이 민족정체성과 과라니 문화의 관계성에 대한 분석은 바로 이러한 지점에서 실험적 접근이 될 수 있다.

2장

민족주의와
지역연구,
라틴아메리카

1
지역연구로써 민족주의

1) 민족주의의 부상

세계화와 신자유주의, 트랜스내셔널리즘 가운데서도 라틴아메리카의 민족주의 부상은 주목할 만하다. 최근 유럽과 미국에서도 우파 정치세력을 중심으로 과거의 영광 되찾기라는 노스텔지어 담론을 동원하여 EU 탈퇴, 자국중심주의, 반(反)이민 정책 등의 민족주의가 득세하고 있는 형국이다. 서구와 라틴아메리카의 민족주의는 세계화와 신자유주의의 한계라는 요인으로 인해 그 대안적 성격으로 민족주의가 부상한 것은 사실이지만, 양측의 민족주의 성격은 서로 판이하게 다르다.

이념적 스펙트럼으로 보자면, 서구는 보수 정치 집단인 우파들이 민족주의를 주장하며 다문화에 대해 비판적인 경향을 보이는 반면에, 라틴아메리카는 소위 진보적인 좌파 성향의 정치인들이 민족주의를 주도하고 있다. 게다가 라틴아메리카에서는 국가 경계를 넘어 이념적으로 유사한 성향을 지닌 국가들 간에 지역통합을 구성하기도 하는데, 이는 신자유주의에 대항하는 지역 공동체로서 '느슨한 민족'4)의 특징을 보이기도 한다.

근대 이후 라틴아메리카는 쿠바의 카스트로 형제와 칠레의 아옌데를 제외하고 라틴아메리카에서 좌파 정부를 찾아보기 힘들었다. 21세기에 접어들면서 라틴아메리카 전역에서는 핑크타이드(pink tide)라 불리며 좌파 정부들이 거세게 집권5)하였는데, 멕시코와 콜롬비아 등 소수의 전통적인 친(親)미 국가만 예외적이었다. 물론 지난 몇 년 간 몇몇 국가에서는 정권이 교체되었지만, 여전히 좌파정부들의 위세는 꺾이지 않고 있다.

'좌파 민족주의'의 대두는 라틴아메리카가 겪은 식민 지배의 경험과 신자유주의 확산에 따른 경제적 위기라는 역사적 과정의 산물이라 볼 수 있다. 특히 좌파 정부는 갈수록 심화되는 라틴아메리카 사회경제적 불평등의 원인으로서 자유무역과 신자유주의를 지목하였고, 그 중심에는 외부세력, 즉 미국을 비롯한 서구 세력이 존재하고 있다는 것이다. 이에 대한 실천적인 대안으로 등장한 두 가지 유형의 민족주의가 눈에 띤다. 그 중 하나는 경제적 측면에서 보호

---

4) 남미공동시장(mercosur)과 미주대륙을 위한 볼리바르 동맹(ALBA)이 대표적인 예라고 할 수 있다. 그 중에서도 남미공동시장은 의회(Parlamento del Mercosur)를 구성하여 경제공동체 이상의 통합을 지향하고 있다. 또한 남미공동시장의 회원국 국민들은 타 회원국을 여권 없이 자유롭게 왕래 할 수 있다. 이는 공항 입국 과정에서 확연하게 드러나는데 남미공동시장 회원국과 역외 국가의 통로를 다르게 배치하고 있다.

5) 이 시기 라틴아메리카의 주요 좌파 성향의 대통령은 베네수엘라의 우고 차베스와 니콜라스 마두로, 볼리비아의 에보 모랄레스, 브라질의 룰라 다 실바와 지우마 호세프, 아르헨티나의 크리스티나 페르난데스, 우루과이의 타바레 바스케스와 호세 무히카, 칠레의 미첼 바첼레트, 페루의 우말라, 에콰도르의 라파엘 코레아, 파라과이의 페르난도 루고 등이 있다. 다만, 신자유주의에 대항하던 이데올로기인 '좌파민족주의'는 2008년 금융 위기와 내적 혼란을 겪으면서 한 풀 꺾인 모습을 보이고 있다. 그 결과 라틴아메리카 좌파 정부의 선봉장 중의 하나였던 볼리비아 에보 모랄레스 대통령의 사퇴와 망명을 초래하였으며, 파라과이와 아르헨티나, 브라질에서 우파 정부가 등장하였다. 그 중에서 특이한 것은 우파성향의 대통령도 민족주의를 지향하고 있다는 점이다. 브라질의 극우 성향 대통령인 보우소나루는 미국의 트럼프를 지지하며 '인종주의적 민족주의'를 공공연하게 내세우고 있다. 그러나 이것이 좌파 정부들의 몰락을 의미하는 것은 아니다. 2018년 멕시코에서는 좌파 진영인 로페스 오브라도르가 대통령으로 당선되었다. 멕시코에서 좌파정부 출범은 89년 만의 일이었다. 또한 아르헨티나에서는 2019년에 좌파 정당 연합으로 출마한 알베르토 페르난데스와 전 대통령인 크리스티나 페르난데스가 각각 대통령과 부통령에 당선되었다.

무역을 지향하는 자원민족주의(이상현 2007; 문남권 2008)이며, 다른 하나는 문화적인 면을 강조하는 다문화주의와 복수민족주의(plurinacionalismo)[6]이다.

세계화의 대안으로서 다문화주의와 로컬문화의 강조는 근대국민국가 형성 당시부터 소외받았던 비엘리트인 원주민들이 부각되는 계기가 되었고, 이러한 과정에서 라틴아메리카 각 국가들은 민족주의 주체로서 원주민들에게 주목하기 시작한다. 멕시코와 페루, 과테말라, 볼리비아, 에콰도르, 파라과이, 브라질 등 각 국에서 다수의 원주민 집단의 권리를 인정하면서 복수민족주의를 법적으로 채택한 것도 바로 이러한 경향을 반영한 것이다.

라틴아메리카 민족주의 연구를 주도한 앤더슨류의 근대주의 계열은 독립 이후 근대국가 형성을 중심으로 라틴아메리카 민족주의를 분석함으로써 원주민이나 종족이 국민국가 형성에 기여하는 바에 크게 관심을 쏟지 않았다. 또한 원주민과 종족들의 혈통의 지속성 혹은 역사성을 강조하는 원초주의(primitivism)와 영속주의(perennialism)는 종족집단의 변동에 의해 그들의 정체성이 재구성되는 측면을 간과하고 있다. 이 두 이론의 접점을 추구하고 있는 스미스(2009)의 종족-상징주의(ethno-symbolism)는 근대 국가 형성기의 엘리트들의 정치적 측면 뿐 아니라 종족의 상징성이나 기능 등, 국민국가 형성에서 비엘리트적인 요소를 함께 분석함으로서 원초주의와 근대주의의 간극을 메우는 절충적인 입장을 취하고 있다

---

6) 국내의 복수민족주의에 관한 연구는 안데스 국가에 집중되어 있다. 이는 탈식민성에 기반을 둔 원주민 운동과 사상(수막카우사이)을 통해 살펴본 흐름 때문인데, 이와 관련된 연구는 김윤경 (2010), 김달관(2011, 2015)등 이 있다. 두 학자는 복수민족(plurinaciónal)을 각각 다국민, 복수국민으로 번역하고 있다. 이 글에서는 종족과 국민국가를 민족의 각기 다른 유형으로 보기 때문에 복수민족으로 사용하고자 한다.

그럼에도 불구하고 이상의 이론들은 원주민과 국민국가, 즉 종족과 근대국가의 상호작용, 그리고 탈근대에서의 종족과 근대국가 사이의 관계 변화 등 각 시기에 따라 민족주의가 복잡다단하게 변화하는 과정을 이해하기에 적합하지 못한 부분들이 있다. 원초주의와 영속주의는 단선적 역사관 가지고 있는데, 라틴아메리카의 원주민들이 식민시기와 국민국가를 거치면서 새로이 조합되고 구성된 정체성을 파악하기에 무리가 있다. 또한 근대주의적 접근은 근대를 전후하여 국민국가 형성 당시 원주민이 기여한 부분에 대한 접근이 용이하지 않다. 종족-상징주의는 이 두 이론의 상호 보완하고 있지만, 국민국가를 중심으로 절충적인 입장을 취하고 있다는 점에서 근본적으로는 근대의 패러다임에 머물러 있어 복수민족주의 및 지역통합과 같은 최근의 라틴아메리카에서 발생하고 있는 다원화 된 민족주의 현상을 분석하는데 어려움이 있다.

2) 종족, 민족 개념의 굴레

국내에서 민족주의에 관한 활발한 논쟁은 20세기 후반 민족이 근대에 창조된 구성물이라는 서구학계의 주장을 적극적으로 흡수함으로서 촉발되었다.[7] 홉스봄과 앤더슨으로 대변되는 '창조된' 혹은 '상상', '허구'의 민족 개념은 서슬 퍼런 군부독재정부가 민중들에게 자행했던 억압적이고 비민주적인 애국주의에 입각하여 희생을 강요했던 한국 사회에 대한 비판적 담론으로 적극 수용되었다. 이

---

[7] 이러한 분위기는 1990년대에 촉발되었는데, 바로 임지현이 1999년에 출판한 '민족주의는 반역이다'가 그 원동력이 되었다고 볼 수 있다. 이 시기에 즈음하여 강명세가 1998년 홉스봄의 저서인 '1780년 이후의 민족과 민족주의'를 번역하였고, 윤형숙이 앤더슨의 저서인 '상상의 공동체'를 번역하여 2002년에 출간하면서 국내에 민족주의 논쟁과 함께 학문적 열풍이 달아오르기 시작하였다.

는 유럽의 진보적인 지식인들처럼 한국의 진보적인 지식인이라면 응당 장착해야할 개념으로써 받아들이게 된다. 사실 유럽에서 민족주의를 경계하는 것은 민족주의의 혈통적(lineage) 혹은 종족(ethnic group)적[8] 성격을 상당히 경계하는데, 이는 19세기말과 20세기 초 유럽의 우생학에 바탕을 둔 인종주의의 어두운 기억과 연관되어 있기 때문이다.

한편, 국내에서는 2000년대 이후 근대주의 계열의 민족주의 분석 경향에 대해 의문을 제기하는 부류들이 등장하기 시작하였다. 이들은 근대주의에 대한 비판으로서 원초주의적인 입장을 수용하는데, 그 중심에는 정수일과 강철구를 주축으로 한 '21세기민족주의포럼'이 있다. 이들은 소위 한국의 식민지 혹은 제국주의적인 상황을 강조하는 그룹으로서 민족의 실체에 대해 주목하면서 유럽과 다른 한국의 역사적 맥락을 강조한다(21세기민족주의포럼, 2010). 이는 매우 재미있는 현상인데, 유럽에서 민족주의를 강조하는 그룹은 우파들, 주로 극우들이지만, 국내에서는 일부 진보진영을 중심으로 민족의 실체를 주장하면서 민족의 허구성을 비판하기도 하였다.[9]

이는 바로 유럽과 한국의 차이를 보여주는 좋은 예라고 할 수 있다. 구소련 붕괴 이후 유럽은 확연히 냉전에서 벗어났지만, 21세기 한국은 여전히 남북 대치상황에 있으며, 이러한 민족적 문제를 해결하기 위해서는 신식민주의적인 상황에서 벗어나는 것이 우선이라 생각하기에 민족을 강조하는 것이다. 사실 이러한 측면은 라틴아메

---

8) 에스닉 그룹(ethnic group)은 국내에서 종족과 민족 등으로 번역되고 있으나, 여기서는 흔히 민족으로 번역되는 네이션(nation)과의 구분을 위해 종족으로 사용하였다.

9) 국내 진보 진영에서의 민족주의 논의는 민족의 실체 여부에 대한 논쟁으로 귀결되고 있다. 이는 1980년대 한국의 사회구성체 논쟁의 주축들인 민족해방(National Liberty, NL)계열과 민중민주주의(People Democracy, PD) 계열의 논쟁에 비견될 만하다.

리카와도 일맥상통하는데, 라틴아메리카도 좌파 정부들이 민족주의를 강조하는 것은 스스로를 신식민주의적 상황에 놓여있다고 인식하기 때문이다. 면밀한 검토가 요구되지만, 일반적으로 제3세계 국가들의 우파 진영 보수주의자들이 외세 친화적인 경향을 보이며, 소위 좌파로 일컫는 진보주의자들이 민족주의적 성향이 강한 것은 식민지 경험에 기인한 것이다.

식민지 경험의 유무에 따라서 민족주의에 대한 태도가 구별되듯이 각 지역이나 국가의 민족주의가 원초주의 혹은 근대주의라는 보편적 논리나 준거 틀에 포함된다 할지라고 민족주의를 대하는 정치적 이데올로기는 상이하게 표출될 수 있다. 이처럼 민족주의는 상황에 따라 다르게 해석될 여지가 있기에 각 국가나 지역의 특수성을 고려해야 한다.

특히 서구적인 잣대와 시각으로 비서구 지역의 민족주의를 분석하는 태도는 다분히 오리엔탈리즘적인 시각이 투영될 수밖에 없다. 민족주의에 대한 오리엔탈리즘적인 접근은 종족과 민족의 용어에 관한 정의에서도 확연히 드러난다. 종족은 국가로 발전하지 못했거나 근대화에 진입하지 못한 민족, 때로는 제3세계의 무문자 민족들, 특히 사하라 이남의 아프리카나 동남아, 라틴아메리카의 원주민들을 일컫는 용어로서 부족(tribe)과 혼용해서 사용되는 경향이 있었다. 종족(ethnic group)과 민족(nation)의 어원을 역사적으로 살펴보면, 두 용어가10) 서로 연결된다는 점을 봤을 때, 종족과 민족에 대한 개념적 분리는 근대에 본격화되었음을 알 수 있다.

---

10) 에스닉 그룹(ethnic group)에서 에스닉(ethnic)은 그리스어인 에트니코스(etnikos)에서 유래(김광억 2005: 19)되었는데, 그 이후에 에트노스(ethnos)는 라틴어인 나티오(natio)와 같은 의미로 사용되었다. 영어로는 1350년대 네이션(nation)이 처음 등장하였다(장문석, 2011: 55).

근대에 들어 종족은 주로 비서구의 부족이나 그러한 정체성을 지닌 집단들을 지칭하는데 사용되었고, 서구의 국민국가 혹은 그에 바탕을 둔 종족은 민족(nation)으로 칭하는 등의 개념 분리가 이루어졌다. 예를 들어 라틴아메리카의 과라니 원주민 혹은 기타 원주민들은 부족이나 종족으로 인식하면서 서구의 카탈루냐와 바스크, 켈트 등은 민족이라는 개념으로 표현되는 식이다11). 이렇듯 종족과 민족의 개념에서 전자는 근대국가로 나아가지 못한 비서구의 집단으로 비춰지며, 후자는 서구식의 근대국가로 성장한 집단을 일컫는 것처럼 보인다.12) 서구와 비서구, 근대와 비근대라는 도식은 원초주의와 근대주의에서 보듯이 민족주의에 대한 구조화된 시각과 관련 있다.

민족의 탄생을 근대성 혹은 근대국가와 연결짓는 접근은 지극히 오리엔탈리즘적인 관점을 내포하고 있는데, 다원적인 형태로도 민족이 존재하고 있다는 것을 인식할 필요가 있다. 민족은 종족일 수도 있으며 국가의 형태로 존재할 수도 있다. 아니면 종족과 국가가 서로 중첩되어 있을 수도 있다.

즉 근대국가의 틀을 벗어나 민족의 형태에 대해 사고하는 것은

---

11) 종족(ethnic group)은 1960년대 인류학계에서 부족을 대체하는 용어로 사용되었다(Eriksen 1993: 8). 부족이 비서구의 무문자 집단에서만 사용된다는 서구중심주의적 사고의 비판을 받아들여 종족이라는 용어를 사용하였다. 하지만 이러한 용어의 변화는 부족을 종족으로만 대체했을 뿐이다. 여전히 종족(ethnic group)은 비서구 혹은 근대사회에 편입되지 못한 집단을 일컫고 있다. 또한 근대국가내의 주요 집단에 포함되지 못한 종족은 소수 민족이라는 용어로 구별 짓는다. 그 예는 호주의 마오리족, 미국과 캐나다의 원주민(indian)들, 중국의 한족이외의 이(異)민족들, 일본의 아이누족과 대만의 고산족, 라틴아메리카의 각 국가의 원주민 집단 등 셀 수 없이 많다.

12) 국내에서는 네이션을 민족, 에스닉 그룹을 종족으로 번역하는 것이 일반적이다. 물론 국내학계에서 이에 대한 반론도 만만치 않다. 다른 주장은 에스닉 그룹을 민족으로, 네이션은 국민이나 국가로 번역해야한다고 주장하고 있다(이준정 & 한건수 2008: 11) 일견 이런 의견에 동의하지만, 이 글에서는 혼란을 줄이기 위해 에스닉 그룹을 종족으로, 네이션은 민족으로 통일해서 사용하고자 한다.

그 지역에서 존재한 다양한 층위의 민족 집단들을 이해하는 것이며, 해당 국가나 지역의 민족적 특수성을 살피는 것이기도 하다. 이는 유럽의 잣대로 모든 지역의 민족주의를 이해하고자 하는 근대적 사고에서의 탈피, 즉 오리엔탈리즘에 대한 극복이기도 하다.

이러한 맥락에서 라틴아메리카 민족주의에 접근하기 위해 새로운 시각이 필요하다. 그 중심적인 틀은 바로 민족을 근대적 기준으로 이해하는 것에 대한 의문에서 시작하며, 이를 바탕으로 민족주의에 대한 사고의 전환과 함께 비서구 지역의 민족과 민족주의 구성에 대한 특수성과 다양성을 이해할 필요가 있다.

3) 지역연구로써 라틴아메리카 민족주의

라틴아메리카 민족주의가 비단 근대의 산물 혹은 엘리트의 유산이라는 주장을 넘어 장기적인 역사적 접근과 그에 따른 문화적인 측면(Hade: 2000; Smith 2009; 이성형: 2009)에 대한 분석이 필요하다는 지적들이 잇따르고 있다. 이 같은 흐름은 민족주의에 대한 접근을 더욱 풍성하게 한다.

특히 글로벌 시대에 있어 국가 경계를 넘나드는 21세기 초국적 상황에서 민족주의는 지역마다 다양한 양상으로 표출된다. 실제로 각 국가의 민족주의는 초국적 상황에 따라서 오히려 민족주의가 강화되기도 하고 약화되기도 한다. 또한 약화되는듯하면서 강화되기도 한다. 현재 글로벌 환경에서는 후자인 경우가 대부분이다. 유럽연합을 비롯하여 라틴아메리카의 남미공동시장에 이르기까지, 경제공동체들은 각 국가 간의 경계를 넘어 통합을 시도하였다. 그러나 현재의 상황은 오히려 통합은커녕 각 국가 혹은 종족 단위에서 민족주의 운동이 격렬하게 나타나고 있다. 이는 바로 글로벌 시대에서 국가 경계에 기초한 근대적 개념의 민족이 복수민족(plurinacional)처럼 국가내의 종족 집단들로 분화되거나 국가를 초월한 지역공동체 차원으로 통합되고 있기 때문이다. 초국적 시대의 민족주의 핵심은 분화와 통합에 의한 다차원적인 변동성에 있다고 해도 과언이 아니다.

21세기 민족은 종족과 근대국가, 초국적 지역공동체 등이 매트릭스처럼 씨줄과 날줄이 교차되듯이 중층적인 형태를 띠고 있다. 이 같은 최근의 민족주의 경향을 해석하기 위해서는 새로운 시각의 접근 방법이 필요하다. 예를 들어 스코틀랜드와 카탈루냐의 독립 요구는 시공간적으로 종족과 근대국가, 거대 경제공동체 사이에 끼여 있는 그들의 상황이 반영된 것이다.

스코틀랜드의 경우는 영국의 브렉시트 이후 다시 독립을 추진하여 유럽연합(EU)에 가입하는 것을 목표로 하고 있다. 스코틀랜드의 독립이 초국적 공동체인 유럽연합의 가입으로 완성된다는 점은 매우 흥미롭다. 또한 스코틀랜드의 독립은 영국이라는 근대국가로부터의 탈출인데, 이는 민족주의의 해체처럼 보이지만, 다른 한편으로 스코틀랜드의 독립은 종족에 기반을 둔 민족주의의 득세를 보여주고 있다. 즉 근대국가의 해체가 민족주의의 종말을 야기하기보다 종족 집단에 의해 민족주의가 재발현되는 모습을 보이고 있다. 소위 근대 이후 지배적이었던 민족 유형인 근대국가의 해체를 통해 종족에 기반을 둔 민족주의로 재탄생하려는 움직임은 꽤 아이러니하다. 이처럼 유럽에서 불고 있는 민족주의 경향은 근대국가 체제와 그 내부의 종족들, 초국적 공동체인 유럽연합을 둘러싼 정치경제적인 문제가 복합적으로 작용한 결과라 볼 수 있다.

유럽과는 차이가 있지만, 라틴아메리카에서도 21세기 이후 새로운 민족주의가 등장하고 있다. 라틴아메리카의 복수민족주의(pluinacionalismo)는 근대국가의 해체보다는 복수의 원주민 종족들의 다양성을 인정함으로써 근대국가의 틀의 강화하는 양상으로 나타나고 있다. 이는 라틴아메리카의 정치경제, 사회문화적 특성이 유럽과 다르기 때문이다. 복수민족주의는 다문화주의에 기반 한 것으로써 라틴아메리카 각 국가 내에 있는 다양한 종족들의 사회문화적 정체성을 제도 및 법적으로 인정하는 것이다. 예를 들어 멕시코는 근대국가를 세울 무렵 아즈텍 정체성에 입각하여 '메스티소 국민주의'(김세건 2005)를 만들어냈다. 그러나 멕시코에는 아즈텍을 건설한 나우아틀어를 쓰는 원주민 이외에도 수십 개의 종족들이 존재했다. 그럼에도 불구하고 멕시코는 근대국가 수립을 위해 복수의 종족들을 고려하지 않은 채 아즈텍 정체성을 기반으로 멕시코 민족주의를 구현하였다. 멕시코의 정체성이 된 아즈텍 문명은 멕시코 지역에 산재한 복수의 종족들을 대표하게 되었다.

(출처: 필자 촬영, 2019년)

[그림 2-1] 멕시코 국립인류학박물관의 테노츠티틀란 전시관

아즈텍 문명이 멕시코 지역의 종족들을 대표하여 민족주의의 도구가 된 것은 멕시코 인류학 박물관의 각 종족별 유물 배치에서 확연하게 드러난다. [그림2-1]은 아즈텍의 수도였던 테노츠티틀란 전시관이다. 테노츠티틀란 전시관 입구는 다른 종족들의 전시관과 달리 박물관의 중앙에 웅장하게 자리 잡고 있다. 그 입구에는 사진에서 보듯이 크고 멋들어진 표식이 있다. 이러한 전시관의 구조와 배치는 멕시코 역사에 대한 문외한이 보더라도 테노츠티틀란을 제국의 수도로 삼았던 아즈텍이 멕시코의 정체성을 대표한다는 느낌을 받을 수밖에 없다.

복수민족주의는 이처럼 근대국가에서 소외되었던 종족들의 정체성과 그들의 문화적 권리를 인정하는 것이다. 이는 각 종족들의 정체성을 인정해줌으로써 국가적 통합을 약화시키는 것이 아니라 이종족들에 대한 제도적 지원을 통해 오히려 국가 내에서 소외되었던 소수 종족들을 끌어들이는 것이다. 이는 마치 독립 이후 라틴아메리카 각 국가가 취했던 인종 통합 정책과 흡사하다. 단지 차이가 있다면 명목상 개별 종족들의 다양성을 지켜준다는 점이다.

이처럼 각 국가와 지역의 민족주의가 정치경제, 사회문화적 맥락에 따라 달리 해석되는 것은 바로 지역연구와 연결되는 지점이다. 이러한 맥락에서 민족주의 연구는 실증적인 측면에서 그 지역 혹은 그 국가를 이해하는 틀로서 접근하는 자세가 필요하다.

2

민족주의, 아래로부터의 접근

1) 이분법적 민족주의 접근에서의 탈출

민족주의를 아래로부터 접근하는 것은 라틴아메리카 민족주의의
분석에 다양성을 부여하는 시도이다. 라틴아메리카는 인종적으로
유로-아메리카(euro-america)와 아프로 아메리카(afro-america), 메
스티소 아메리카(mestizo-america), 인도 아메리카(indo-maerica)로
구분할 수 있다(Schwerin 2011: 43).

라틴아메리카는 지역 및 권역별로 인종적 스펙트럼이 다채로운
만큼 민족 정체성의 뿌리도 각기 다르다. 유로 아메리카는 백인 중
심의 민족주의가 나타나며, 아프로 아메리카는 흑인 민족주의가 강
하며, 인도 아메리카와 메스티소 아메리카는 원주민 민족주의가 두
드러진다. 이렇듯 라틴아메리카는 지역에 따라 민족 정체성의 토대
가 각기 다르기에 기존의 민족주의적인 시각으로 분석하기에는 한
계가 있다.

민족주의에 관한 주요 시각은 원초주의와 근대주의(후기 근대주
의)로 귀결된다. 특히 민족을 강조하는 집단은 마치 원초주의적인
느낌을 주면서 민족주의를 옹호하는 집단으로 비춰지고, 민족주의

를 배척하는 집단은 민족의 존재를 부정하는 듯한 느낌을 주면서 민족주의의 논의가 이전투구식의 혼란스러운 논쟁으로 이어졌다고 지적하고 있다(장문석 2011). 최근에는 이에 대한 대안으로 민족주의가 근대의 산물이기도 하면서 근대 이전의 민족적 맹아도 깡그리 무시할 수 없다는 절충주의적인 접근이 점차 대두되고 있다.

민족이 근대적 구성물이라고 주장했던 홉스봄(1991), 그리고 아파두라이(1996)와 같이 근대성과 세계화를 연구하는 학자들도 국민국가(nation-state) 형성에서 로컬 문화와 종족적 특성을 완전히 무시할 수 없다고 언급하고 있다. 그는 더 나아가 서구의 언론이나 학자들이 원초주의를 부족주의로 이끌고 가는 부정적 용법에 대해 비판하였다.

민족주의 형성에서 종족의 역할에 관심을 둔 제임스 맥키(James Mckey)와 앤서니 스미스(Anthony Smith)는 종족과 국민 국가와의 관계성을 통해 원초주의와 근대주의 이론의 간극을 좁히고자 하였다(Anbarani 2013: 65~66). 특히 앤서니 스미스(2009)는 종족상징주의(ethno-symbolism)라는 개념을 통해 체계화하였는데, 그는 국민국가 형성과정에서 동원되는 종족적 상징들, 특히 비엘리트 혹은 민중의 일상문화가 근대 민족주의 형성에 어떻게 투영되는지를 연구하였다. 이를 통해 그는 근대 이전의 종족적 특성이나 문화적 요소들이 근대국가 형성 시기에 민족 정체성을 구성하는 주요 단위임을 밝히고 있다.

국내에서도 이러한 영향을 받아 김홍규(2013)는 '수정적 구성주의'라는 개념을 통해 민족이 근대 담론의 구성물이지만 근대 이전의 민족의식 형성과정을 간과해서는 안 된다는 입장을 취하고 있다. 이러한 절충주의적인 시각은 정도의 차이일 뿐 국내외 학계에도 수용하는 분위기이다.13) 또한 이 같은 시각은 근대주의 계열의 민족주의 분석이 정치와 엘리트 분야에 치중된 것을 비판하면서 종족과 민중의 역사, 그리고 이들의 정체성이 국민국가 형성에 미친 영향을 주목하고 있다.

이러한 앤서니 스미스식의 접근은 기존의 원초주의나 근대주의와 차별성을 지니지만, 여전히 민족주의의 준거 틀을 근대의 구성물인 국민국가(nation-state)로 삼고 있다는 점이 근대주의 접근법을 온전하게 벗어나지 못하고 있다. 이는 근대에 발생한 국민국가(nation-state)만을 민족, 즉 네이션(nation)으로 한정함으로서 국민국가 이전의 종족(ethnic group)들은 민족이 아닌 또 다른 집단으로 이해되는 결과를 낳게 되었다. 이는 결과적으로 종족 정체성이나 종족의 문화적 유산이 국민국가, 즉 민족을 형성하는데 기여한 구성물 정도로만 인식하게끔 한다.

앞서 언급했듯이 종족(ethnic group)의 개념은 서구와 비서구를 구분하면서 생겨난 부족(tribe)의 대체어로서 1960년대부터 사용되었지만(Ericksen, 2002), 정작 서구에서는 종족이라는 개념도 민족과 비교하여 전근대적인 공동체로 인식되었다. 이것이 바로 민족주의의 접근에 있어 원초주의와 근대주의라는 이분법적 구도가 형성

---

13) 이와 관련된 논의로서 국외의 경우에는 스미스(2009)가 있으며, 국내에서는 장문석(2008), 김승규(2013)이 대표적이다. 라틴아메리카 연구의 경우에는 국내에서는 이성형(2009)이 '문화적 민족주의'라는 개념으로 접근한 연구가 있으며, 김은중(2017)은 민족을 자본과 국가의 결합으로 본 일본의 사상가이자 문학비평가인 가라타니 고진(Karatani Kojin)의 논의를 빌어 '민중민족주의'라는 개념을 통해 멕시코와 아르헨티나 사례를 분석하였다. 멕시코의 민족주의는 에트노스에 기반한 문화적 민족주의이며, 아르헨티나는 데모스에 기반한 정치적 민족주의로 설명하였다. 국외의 경우에는 라틴아메리카의 종족과 음악, 민족의 관계에 대한 웨이드(Wade 1997; 2000)의 결과물이 있다.

된 원인이기도 하다. 서구에서 전근대는 비이성적이며, 합리적이지 못한 혈통이나 온정에 근거한 타파되어야 할 대상이기에 근대의 사고에 적합하지 못한 것으로 치부되었다. 종족은 바로 이러한 전근대적 공동체의 표상이었으며, 이들의 문화와 일상은 근대에 어울리지 않는 혹은 근대에 방해되는 것에 불과하였다.

종족은 혈통과 전근대를 상징하는 원초주의적 사고와 연결되었고, 민족은 근대국가 이후에 형성된 공동체인 국민국가와 결합되었다. 종족이 민족과 구분된 것은 앞서 언급했듯이 전근대적인 집단으로 치부되면서 소위 국민국가에서 탄생한 민족보다 열등하다는 의식이 내포되어 있기 때문이다. 종족은 마치 혈연으로 단단하게 엮인 전근대적인 조직처럼 여겨졌고, 근대적 이성에 비춰봤을 때 타파되어야 할 대상으로 인식 된 것이다. 이는 종족을 혈통의 개념에 기초한 가계(lineage)의 개념과 혼동했던 것도 주요 이유일 것이다.

종족 혹은 종족성(ethnicity)은 민족 혹은 민족 정체성과 마찬가지로 그 기원이 존재하더라도 시간의 흐름에 따라 타 종족 등 외부의 환경에 의해 변화를 겪으면서 정체성이 형성된 것임을 상기한다면, 종족과 민족의 구분은 굉장히 작위적 관념에 불과한 것이다. 앞서 언급했듯이 국민국가의 정체성을 민족(nation)으로 이름을 붙였을 따름이지 어원으로는 종족과 민족의 차이가 없는 것이다. 근대 이전에는 종족도 민족으로 이해됐었으나, 국민국가 출현 이후 종족은 점차 민족의 개념에서 분리되었다.

즉 종족은 혈연을 기초한 작은 단위일수도 있고, 근대국가의 틀과 중첩된 집단일 수도 있다. 보통은 종족을 혈연에 기초한 원초적 집단으로 여기지만, 종족도 오랜 기간 동안 주변에 있는 타자들과의 관계에 의해 만들어진 것에 불과하다(Barth 1969). 종족도 당연히 민족의 범주에 포함되어야 한다. 다만, 근대에 국민국가 형태가 등장함에 따라 그것만을 민족으로 인식함으로서 혼란이 가중된 것에 불과하다. 이는 국민국가를 건설 당시에 민족주의가 극렬하게 나타났기 때문이기도 하다. 결과적으로 종족도 민족이며, 국민국가도 민족의 한 유형에 불과하다.

물론 스미스식의 절충주의적인 접근은 민족주의 형성에서 종족적 요소를 강조하고 있지만, 근대이전의 유산이 지속되거나 정치적 요인에 의해 그 유산이 재생되어 근대 이후에도 영향을 미쳤다는 식의 단선적인 접근에 그치고 있다. 그러나 종족은 근대국가 성립 이후에도 그들의 경계를 유지하면서 독립을 요구하기도 했다. 단일 종족인 경우에는 한국14)처럼 국가 단위로 여겨지기도 했으며, 다종족인 경우에는 아즈텍 제국의 나우아 혹은 과라니와 같은 주요 종족이 국민국가의 상징되기도 했다. 때로는 종족이 바스크나 카탈루냐처럼 각 국가의 지역 집단에 속하기도 하고, 쿠르드처럼 국가를 초월하는 단위이기도 하다. 이렇듯 종족은 근대국가 성립이후에도 다양한 형태로 존재하고 있다.

종족을 민족으로 번역하자고 주장하거나 민족주의를 국가주의와 국민주의로 번역하자는 것은 중요한 문제가 아니다. 이는 오히려

---

14) 사실 한국이 단일 종족 혹은 민족인가?에 대한 논쟁이 있다. 일부 학자들은 한국이 단일 민족의 신화에서 벗어나야한다고 한다. 이는 원초주의에 대한 비판적 시각으로써 혈통적 관점으로 민족을 이해하기 때문이다. 한민족(韓民族)이 하나의 민족임에는 분명하나 그것이 같은 혈통이라고 생각하는 것은 큰 오산이다. 이미 한민족은 오래전부터 주변의 이민족과 혼혈을 했음이 많은 연구 자료에서 드러났다. 종족과 민족은 유전적 혹은 DNA, 혈통이 일치하는 것이 아니라 동질한 문화적 사고와 정체성을 공유하는 집단인 것이다. 쉽게 말하면, 같은 문화를 가지고 있는 집단이다. 이런 측면에서 한국은 하나의 언어를 사용하고 공통의 문화를 서로 공유하고 있기에 하나의 민족이라고 하는 것이다.

혼란을 초래할 뿐이며, 종족과 국민국가를 민족 유형이나 형태로서 이해함이 필요하다. 나아가 초국가적인 지역통합과 지방 분권에 의해 합종연횡 되고 있는 다양한 지역 공동체들도 또 다른 '민족'공동체로써 이해할 수 있다.

종족과 국가, 지역통합 등 민족적 형태를 보이는 집단들이 혈연 공동체인가 혹은 정치적 구성물인가는 개별 집단에 따라 상이할 것이다. 일반적인 관념에서는 종족이 혈연적 정체성이 강할 것이며, 국가는 정치적 성향이 더 우세하며, 지역 통합은 국가보다도 훨씬 더 정치적일 것이다. 민족이 국민국가의 산물이라는 시각에서 한 걸음 떨어져서 살펴본다면, 종족도 때론 정치적 성향이 강할 수 있으며, 국민국가와 지역통합이 종족보다도 더 혈연적 공동체와 유사한 특징을 가지기도 한다.

즉 근대국가와 관계가 있건 아니건 간에 종족을 근대국가의 구성물인 민족과 동등하게 그 지위를 인정하는 것이 바로 소모적인 민족주의 실체 논쟁에서 벗어날 수 있는 길임은 분명하다. 근대적 기준에 의해 설정된 종족과 민족의 경계를 허문다면, 근대 이전의 종족도 민족이 될 수 있으며, 소위 우리가 민족이라고 생각하는 국가 단위의 공동체 집단도 민족이며, 국가단위를 넘어서는 초국적 공동체도 '느슨한 민족'의 형태로 이해 할 수 있을 것이다.

다시 말하자면, 국민국가의 정체성을 민족으로 개념화하고 그와 관련된 사상을 민족주의라 칭하는 것이 근대에 생성되었을 뿐이지, 민족이나 민족주의가 근대의 전유물만은 아니라는 점이다. 예컨대 과거 중국에서 다른 변방의 민족들과 구별 짓던 한족의 중화사상을 당대의 민족주의로 볼 수 없는 이유는 어디에도 없다. 근대의 국민국가를 민족으로 인식하고 민족주의가 시작되었다고 주장하는 근대주의적 시각은 민족을 근대의 구성물로만 이해해야하는 본연적인 한계를 지닐 수밖에 없다.

즉 민족주의 연구에서 있어 원초주의와 근대주의가 양립하면서 빚어지는 혼선을 극복하기 위해서는 양쪽을 적절히 섞는 절충적인 접근보다 근대 이후에 팽배해 있던 서구와 비서구의 차이, 근대와 전근대의 구분법을 해체함으로서 가능할 것이다. 그 해체의 시작은 민족이 근대국가의 전유물이라는 시각에서 벗어나야 한다는 것이다. 이는 라틴아메리카 민족주의의 다양성과 특수성을 이해할 수 있는 첫 걸음이기도 하다.

2) 민족주의 분석 도구로써 기층문화

민족주의 근대국가의 전유물로 인식하는 것은 민족주의를 엘리트들의 산물로 이해하기 때문이다. 이는 민족주의를 편협하게 바라보게 하였고, 소위 국가 내 다수 구성원들의 소외를 가져왔다. 근대국가 형성 당시 라틴아메리카의 '주인공'은 크리오요였지만, 그것을 추동했던 세력에는 메스티소와 원주민도 포함됐었다. 뿐만 아니라 앞서 언급했듯이 국가 통합 기제로써 적극적으로 활용했던 문화적 장치는 원주민을 비롯한 민중들의 유산인 기층문화였다.

기층문화(基層文化)는 민족의 근간을 이루는 사람들 사이에서 집단적으로 일반화되고, 수세대에 걸쳐 전승된 문화로써 민중의 일상생활 속에서 발생한 문화이다(Dorson 1973). 라틴아메리카의 기층문화는 칸클리니(1990)가 지적했듯이 원주민과 아프리카의 흑인, 유럽의 문화가 뒤죽박죽 섞인 혼종성(hybridity)을 특징으로 하지만,

그 혼종성의 바탕에는 원주민 문화가 존재한다는 것을 누구도 부인할 수 없다. 물론 원주민이 사라진 자리를 아프리카계 흑인들로 채운 카리브해 도서 및 연안 국가들과 백인 정체성을 강조하여 원주민들을 말살한 아르헨티나와 우루과이는 예외적이다.

라틴아메리카를 위시하여 전 세계의 종족들은 자의든 타의든 간에 국가라는 시스템, 즉 민족이라는 '창조된 집단' 안에 포함되면서 차별을 받아왔다. 그들의 문화적 정체성은 무시당한 상태로 국가사회에 편입되도록 강요받았다. 종족들은 국가 통합과정에서 그들의 언어와, 종교, 예술, 음식, 의복 등 맘대로 선택할 권리도 없이 지속적인 차별을 경험하였다. 근대국가에 편입된 종족들은 그들의 언어 대신에 국어로 교육을 받아야 했으며 국교를 따라야 했고 표준화된 문화양식에 적응해야했다. 설령 그들이 법과 제도로써 국민의 지위를 부여 받았다고 할지라도 내부 구성원들에 의한 문화적 차별은 어쩔 수 없는 그들의 업보였다.

라틴아메리카 기층문화의 담지자인 원주민들은 근대국가 성립 이후부터 작금의 신자유주의 시대에 이르기까지 사회적 소수자로서 끊임없이 차별을 받아왔다. 그럼에도 불구하고 라틴아메리카의 원주민 문화가 근대국가 탄생의 도구로 쓰인 것도 사실이다. 근대국가의 엘리트들이 통치를 목적으로 원주민과 종족의 문화적 정체성을 활용한 것은 멕시코의 벽화운동 등 다양한 예에서 알 수 있다.

[그림 2-2] 멕시코의 대통령궁 벽화

이 벽화는 디에고 리베라(Diego Rivera)가 멕시코 역사(La historia de Mexico)라는 주제로 대통령 궁 계단 벽면에 그린 것이다. 이 벽화에는 멕시코를 구성하는 다양한 주인공들이 묘사되어 있지만, 가장 눈에 띄는 것은 멕시코 역사의 중심이자 뿌리임을 한 눈에 알 수 있게 아즈텍 신화를 중앙에 배치한 것이다.

근대국가의 파생물로써 민족주의에 대한 비판은 국민들 스스로를 하나의 통일된 종족처럼 여기도록 한 국가 권력, 그들이 자행했던 차별이나 학살에 대한 것이어야 한다. 그 과정에서 나타난 원주민 문화나 종족 정체성을 민족주의의 '앞잡이' 혹은 인종주의의 원인으로 지적하는 것은 합당하지 않다.

이 같은 민족주의 연구의 지적 흐름은 민족주의의 요인으로써 기

2장 민족주의와 지역연구, 라틴아메리카 43

층문화 연구의 단절을 가져왔다. 그 중 하나는 민족주의를 근대적 산물로서만 인식한 나머지 그 이전의 역사적 과정에 대한 고찰이 간과되었다. 소위 민족이라는 개념과 민족주의는 근대에 본격적으로 탄생되었지만, 그것이 생성되기 위한 과정에서는 근대국가와 유사한 형태의 집단들이 모이고 헤치는 과정이 있었으며, 또한 근대 이전의 문화적 정체성이 영향을 미쳤다. 민족주의가 근대의 산물로만 이해된다면, 근대 이전의 정치경제와 사회문화적인 요소들, 특히 기층문화가 민족주의에 어떠한 영향을 끼쳤는가에 대해 간과할 수 있다. 근대주의적 접근에 대한 보완적인 입장을 취하고 있는 스미스(Smith 1998, 2009)가 민족주의를 장기적인 관점에서 분석해야 된다고 주장하는 것도 바로 이런 맥락에서 나온 것이다. 민족주의 연구는 긴 호흡을 통해 근대라는 소용돌이 속에서 민족이라는 범주가 어떻게 구성되었는지를 봐야 할 것이다.

두 번째는 민족주의가 엘리트에 대한 접근이 주를 이루면서 기층문화에 대한 천착이 부족하다는 점이다. 이는 앞서 언급했듯이 민족주의가 근대의 산물이라는 점에서 그 이데올로기를 이끌었던 당시의 권력자들, 즉 엘리트들에 대한 연구에 집중되었기 때문이다. 이는 민족주의를 단순히 근대국가의 통합적 성격과 정치적인 측면의 연구를 중시한 반면에 민족주의가 배태된 다양성과 문화적인 측면에 대한 연구를 간과한 원인이 되었다. 웨이드(1997, 2000)도 이 부분을 지적하였는데, 그는 겔러(1983)와 앤더슨(1983), 홉스봄(1992)과 같은 근대주의 계열의 학자들이 민족주의를 동질적인 특성(homogeneity)으로 보면서 엘리트에 대한 부분만을 강조한 것을 비판하면서 민족주의 연구가 각 국가내의 이종적인 특성

(heterogeneity)과 위계, 민중 문화, 그와 관련된 전통적인 부문으로 확대되어야 한다고 주장하였다.

즉 민족주의 연구가 시간적으로는 '탈근대'를 넘어 장기적인 접근을 추구하고, 계급적으로는 '탈엘리트'적인 접근을 넘어 기층문화로의 확장이 이루어진다면 각 지역마다의 상이하게 드러나는 민족주의 양상에 대한 분석이 가능할 것이다. 또한 기층문화를 통한 민족주의 분석은 초국적 상황 아래에서 라틴아메리카 민족주의가 어떻게 형성되고 변화하는가를 역동적으로 살필 수 있다.

3
라틴아메리카 민족주의와 원주민 문화

1) 라틴아메리카 민족주의의 중층성

오늘날 초국적 시대의 민족주의는 정치경제, 사회문화적인 요인에 따라 뒤섞여 중층적이고 복합적으로 드러난다. 앞서 언급한 것처럼 원초주의나 근대주의에 몰입된 민족주의 시각은 최근의 라틴아메리카 민족주의 경향을 분석하는데 한계에 부딪힐 수밖에 없다. 다수의 라틴아메리카 국가들은 20세기 말부터 다문화주의의 영향을 받아 복수민족주의(plurinacionalismo)를 채택하고 있다. 이는 각국가 내에 있는 원주민을 법적으로 자율성을 가진 집단으로 명문화하고 각 종족의 언어와 문화를 유지하도록 함으로써 정부가 공식적으로 그들을 인정하는 것을 말한다.

라틴아메리카의 민족 구성은 다채로운데, 국가 내에 다양한 종족들이 모여 있기도 하고, 중동의 쿠르드처럼 볼리비아와 페루 국경의 푸노 원주민은 국가경계를 넘어 새로운 민족 집단을 구성하려는 시도(차경미, 2015)를 하기도 한다. 나아가 남미공동시장(mercosur)의 경우는 과라니어를 지역통합의 공식 언어로 사용하면서 '느슨한 민족'과 같은 형태를 보이기도 한다.

이렇듯 최근 라틴아메리카 민족주의 경향은 종족을 기반으로 상당히 다원적이고 중층적인 형태로 드러나고 있다. 라틴아메리카의 민족주의는 시간이 지나면서 문화가 소멸되고 축적되듯이 여러 집단이 사라지고 켜켜이 쌓이면서 중층적으로 형성된 것이다. 근대의 출범과 함께 기존의 집단이 완전히 소멸하여 새로운 국민, 즉 민족이 형성된 것은 아니다. 다시 말해 라틴아메리카에서는 국민국가가 출범했던 시기에도, 지금도 수많은 종족들이 힘을 잃고 없어지기도 했지만, 일부는 존속되면서 유지되고 있다. 이는 다른 지역과 구분되는 라틴아메리카 민족주의의 특성이기도 하다. 라틴아메리카의 민족 구성을 긴 역사적 호흡으로 살펴보면, 왜 라틴아메리카의 민족주의가 중층적으로 존재하는지 이해할 수 있다.

시기	민족(nation) 유형			사상
근대이전	종족 (ethnic group)	국민국가 (nation-state)		
근대이후				자유주의 민족주의
21C전후			지역통합 (regional integration)	다문화주의 복수민족주의 초국가주의

라틴아메리카의 민족 형태는 단선적으로 분절된 형태가 아니라 상기 표에서 설명했듯이 종족에서 국민국가, 지역통합으로 점차 축적되어가는 형태이다. 근대 이전에는 종족만이 주요 민족 형태이었다면, 근대이후에는 국민국가가 주된 민족 형태로 등장한다. 종족도 존재하지만 국가에 편입되면서 그 존재가 미미해진다.

국민국가 건설 당시 라틴아메리카 각 국가들은 원주민의 문화적 자원을 적극적으로 채택하였는데, 원주민과 그들의 문화는 국민국가 형성의 토대가 되었다. 이와 관련된 대표적인 사상이 바로 멕시코의 호세 바스콘셀로스(1925)의 '우주적 인종(la raza cósmica)'과 브라질의 질베르토 프레이리(1933)의 '인종민주주의(democracia racial)'이다. 이 두 사상은 혼혈의 당위성을 얘기하면서 그 공통분모에는 원주민과 흑인이 존재하고 있다는 것을 역설하였다.

그리고 21세기를 전후해서는 초국주의(transnationalism)에 의한 지역통합이 새로운 민족 유형으로 등장하고 있다. 그 가운데 국민국가와 종족도 주요한 민족 집단으로 존속하고 있다. 그 예로써 남미 공동시장은 과라니어를 지역공동체의 공식어로 채택하는 등 경제통합 이상의 정치와 문화적인 통합을 추고하고 있다. 여기에 멕시코와 과테말라, 페루, 볼리비아 등의 국가들이 복수민족주의 정책을 채택하면서 이전 보다 국민국가에서 종족의 중요성이 강화되고 있다.

각 시기별 민족의 유형에서 종족은 지속적으로 존재하였다. 근대 이전에는 수 천 개의 서로 다른 언어를 가진 원주민 집단들이 존재했다. 이 종족들 가운데 고대국가의 체계를 갖춘 아스텍이나 잉카는 제국[15])으로 발전하였으며, 그렇지 못한 종족은 카리브해와 아마존, 남미남부지역의 과라니들처럼 부족 단위로 생활하였다.

16세기 스페인과 포르투갈 등 유럽의 침입은 원주민 사회의 일대 변화를 가져오는데, 이 당시 많은 종족들이 소멸되었고, 파라과이의 과라니처럼 남은 종족들은 식민 정복자들 유용성에 의해 의도적으로 결합되고 해체되면서 새로운 정체성을 획득한다. 근대국가

---

15) 물론 여기서 제국은 유럽이나 아시아의 중앙집권적인 국가와 차이가 있다. 아스텍이나 잉카, 마야도 마찬가지인데, 이들 제국은 주요 종족이 통치 권한을 가지고 다른 종족들을 관리하는 느슨한 복종 관계 혹은 연맹 관계로 존재하였다.

출범 후 라틴아메리카의 원주민들은 법적으로 국민 혹은 시민이 되었지만, 사회문화적 소수자로서 차별 받으면서 그들의 종족 정체성을 근근이 유지하였다. 일부 원주민들은 과테말라의 라디노[16]처럼 원주민의 생활양식을 버리는 경우도 있었다.

그런 가운데서도 독립 이후 라틴아메리카 국가들은 국민국가를 건설하면서 민족 정체성의 모티브를 주요 원주민 집단에서 찾아냈다. 앞서 언급했듯이 멕시코는 아즈텍의 역사로부터 민족의 기원으로 삼았고 페루도 잉카(케추아어)로부터 페루인의 이미지를 구현하였다. 파라과이는 과라니를 통해 민족정신을 고취하였다. 이처럼 라틴아메리카 민족주의의 중층적 특성은 바로 원주민 문화에 기반하고 있다.

2) 기층문화로써 원주민 문화

민족주의의 직접적인 발생 원인이 근대국가를 세운 지배계층과 그들의 정책이었다는 것을 부인할 수는 없으나 근대국가의 경계를 규정짓고 나아가 민족주의를 부각시킨 매개체는 바로 원주민 문화였다.

식민 시기부터 라틴아메리카는 지금의 국가 경계와 유사한 문화적 권역이 형성되어 있었다. 이러한 문화적 권역은 원주민의 종족 경계와 상당히 일치하고 있다. 이와 같이 근대국가의 경계 규정과 민족주의 부상의 기저에는 바로 근대 이전부터 존재한 원주민 문화의 역할이 있었다. 앞서 살펴본 바처럼 멕시코 민족주의의 기저에

---

16) 라디노(ladino)는 과테말라와 중미지역의 메스티소를 일컫는 말이다. 뿐만 아니라 스페인어를 사용하고 메스티소의 생활양식을 따르는 원주민도 여기에 포함된다.

는 나우아틀에 기초한 아즈텍의 역사와 문화가 내재하고 있으며, 이는 케추아와 아이마라의 문화를 보호하고 있는 페루와 볼리비아도 마찬가지이다.

스페인계와 포르투갈계 정복자들, 특히 스페인계 정복자들은 아주 넓은 아메리카 대륙을 모두 통치할만한 행정가와 군인 등을 제대로 갖추지 못했다. 그들은 일부 지역을 중심으로 통치하였으며, 그 일부 지역조차도 다스리기 버거웠다. 정복자들은 그들의 부족한 통치 역량을 원주민으로부터 보충하였는데, 그 대표적인 것이 바로 원주민 추장인 카시케(cacique)에게 지역의 통치를 위임하는 것이었다. 이는 식민 통치의 일반적인 방식으로 정복자와 식민지 주민들을 잇는 가교17) 역할을 하였다.

또한 원활한 통치를 위해서 일부 시스템은 원주민의 사회 제도에서 빌려왔다. 예를 들어 레파르티미엔토(repartimiento) 제도는 안데스의 잉카 원주민의 부역제도인 미타(mita)에서 가져온 것이다. 즉 스페인 정복자들은 원주민들의 문화적 경계를 일정 정도 유지함과 동시에, 부족한 행정 역량은 원주민의 인력과 제도를 차용하여 메꾸었다. 물론 다수의 원주민 집단들이 정복 과정에서 사라지기도 하고 다른 원주민 집단에 통합되기도 하였다. 그러나 원주민들의 종족 경계가 식민시기 정복자들과의 상호 관계 아래에서 근대국가 성립에 영향을 미친 것은 분명한 사실이다. 그렇기에 아즈텍과 마야, 잉카 문명 등의 지리적, 문화적 권역이 멕시코와 과테말라, 페루 등의 물리적 국경과 일정 정도 겹치는 것은 우연이 아니다.

---

17) 라틴아메리카 역사에서는 정복자와 원주민을 연결하던 일부 원주민을 '부역자' 혹은 '앞잡이', '배반자'로 평가하기도 한다. 그 대표적인 것이 에르난 코르테스(Hernán Cortés)를 안내한 원주민 귀족 출신의 여성인 말린체(Malinche)와 관련된 논쟁일 것이다.

라틴아메리카의 국가들이 민족주의 정책을 위해 원주민에 대해 눈을 돌리기 시작한 것은 독립 후 거의 한 세기가 지난 무렵인 19세기말과 20세기 초였다. 이 시기에 라틴아메리카 국가들은 혁명을 통해 기존의 봉건주의 세력을 물리치고 공화주의 기틀을 마련하고자 하였다. 예를 들어 멕시코 혁명 세력들은 혁명 과정에서 원주민 정체성인 아즈텍 문명과 과달루페 성모신앙을 내세우며 그들의 지지자를 결집하였다. 이 시기부터 라틴아메리카의 국가들은 근대국가 완성을 위한 민족주의가 본격적으로 표출되기 시작한다.

이와 관련하여 라틴아메리카에서는 식민지성 극복을 위해 인디헤니스모(indigenismo) 운동도 활발히 전개되었다. 이 운동은 원주민이 주체가 되어 라틴아메리카의 정체성을 회복하자는 것으로 당시 민족주의 운동에 폭넓게 영향을 미쳤다. 각 국가들은 원주민의 문화를 자랑스러운 문화 유산으로 인정하기 시작했고 이를 국가통합의 기제로 활용하였다. 당시 라틴아메리카의 국가들은 근대국가 건설에 방해가 된 다양한 인종을 하나로 묶어내기 위해 원주민 문화를 동원하였다. 이러한 과정은 원주민 문화 보존을 위한 박물관 건립, 문학과 예술을 통한 원주민 다시 보기 등의 실천적인 행위로 드러났다. 이러한 원주민 문화에 대한 소비와 장려는 라틴아메리카 각 국가의 민족주의, 즉 국민 통합 사상으로써 혼혈에 대한 재평가로 이어졌다.

멕시코의 초대 교육부 장관이자 국립대 총장을 역임한 호세 바스콘셀로스는 1925년에 출판한 저서인 '우주적 인종(La raza cósmica)'을 통해 혼혈인 메스티소에 대한 당연함과 우수함을 역설하였다. 이는 멕시코, 나아가 라틴아메리카의 일반적인 현상인 인종과 문화적 섞임에 대한 자부심을 강조함으로써 멕시코인이라는 단일 정체성을 부각한 것이다. 우주적 인종은 순혈주의, 특히 정복자들이었던 백인 제국주의에 대한 대항논리로써 그 동안 배격되었던 원주민의 정체성을 수용하는 의미가 내포되어있다.

이러한 움직임은 브라질에서도 유사하게 나타났는데, 질베르토 프레이리(1933)는 인종민주주의(democracia racial)라는 개념을 통해 백인과 흑인, 원주민이 모두 평등하게 섞인 브라질인이라는 민족 개념을 제시하였다. 인디헤니스모 운동과 혼혈에 대한 다시보기를 통한 근대국가 만들기는 기층문화인 원주민 문화를 다시 생각하도록 하였다.

3) 초국주의와 로컬문화, 민족주의

인디헤니스모를 바탕으로 한 국가 통합 정책은 1990년대를 전후로 등장한 세계화와 신자유주의에 의해 약화되었다. 이 시기의 라틴아메리카의 국가들은 신자유주의의 영향으로 국가 통합의 과제보다 자유무역 시스템에 조응하여 국가 간의 경계를 허물고 역내 통합 정치경제 공동체를 앞 다투어 출범하게 된다.

당시에 조직된 경제 통합체로는 1993년의 중미통합체제(SICA), 1995년의 카리브국가연합(ACS), 1995년의 남미공동시장(Mercosur) 등을 예로 들 수 있다. 가장 최근에는 2005년에 결성된 미주대륙을 위한 볼리바르 동맹(ALBA, 이하 알바)이 있으며, 2008년에는 남미국가연합(UNASUR)이 창설되었다. 물론 알바와 남미국가연합은 서구의 자유무역 정책 기조에 반발하여 조직되었다는 점에서 다른 공동체들과 정치적 성격에서 차이가 있지만, 국가 단위를 뛰어 넘는 지역 공동체라는 사실은 동일하다.

세계금융위기 이후로 라틴아메리카에서는 각 국가의 경계, 즉 민족주의를 강화하려는 움직임 일고 있다. 그 대표적인 사례가 바로 보호무역주의 강화와 자원민족주의이다. 최근에는 라틴아메리카에서 가장 활성화된 경제공동체인 남미공동시장에서도 이러한 경향이 나타나고 있다. 아르헨티나는 말비나스의 석유자원을 놓고 영국과 대립 중이며, 역내외 모든 국가에게 수입규제를 강화하는 보호무역 정책과 석유회사의 국유화를 발표하였다. 파라과이도 예외는 아니다. 페르난도 루고 대통령은 집권 이후 브라질과 아르헨티나에 판매하는 이타이푸(Itaipú) 댐과 자시레타(Yacyretá) 댐의 전력요금 인상을 추진하였다.

이렇듯 각 국가들은 천연 자원 국유화와 보호무역을 강화하고 있는 데, 소위 '좌파 정부'를 중심으로 이러한 경향이 거세지고 있다. 또한 세계화에 대응하고자 페루와 에콰도르, 볼리비아, 과테말라 등 원주민의 인구 비율이 높은 국가들은 로컬 문화를 동원하여 복수민족주의를 강화하고 있다. 이러한 라틴아메리카의 민족주의는 식민지와 군부독재, 신자유주의를 거치면서 발생한 불평등 문제를 해소하기 위한 대안적인 정책으로서의 의미를 지니고 있다는 점에서 다른 지역의 민족주의 흐름과 또 다른 양상을 보이고 있다.

실례로 파라과이가 속한 남미공동시장의 아르헨티나는 2012년 5월에 자국의 경제를 위해 국유화와 보호무역강화를 공식적으로 천명하였다. 이는 파라과이도 마찬가지 인데, 앞서 언급했듯이 루고 대통령은 인근 국가에 공급하는 전력에 대한 '제값 받기'를 취임 당시인 2008년부터 중점 정책으로 추진하였다.

이 시기에 파라과이는 경제 영역 뿐 아니라 문화적인 측면에서도 민족주의 정책을 강화하였는데, 이를 위해 동원된 것이 바로 원주민 문화였다. 이에 대한 실천으로써 정부는 과라니와 관련된 다양한 문화 요소를 법제화하여 문화유산으로 지정하였다. 국외적으로도 파라과이 정부는 과라니 문화가 파라과이 고유의 문화라는 것을 알리는데 주력하였다. 원주민 문화 제도화를 통한 민족주의 정책은 언어와 음식, 예술에 이르기까지 일상에서 과라니 문화가 파라과이 사람들의 정체성을 담보하고 있기에 가능한 것이었다.

이 같은 현상은 초국적 흐름에서 국민국가가 쇠퇴하기 보다는 로컬문화와 접하면서 더 강력해 질 수 있음을 지적(Apadurai 1996)한 것과 일맥상통한다. 라틴아메리카의 민족주의, 특히 파라과이 사례는 민족주의가 국가 간의 문제를 넘어 초국적인 측면에서 어떻게 작동하는지 알려준다. 그리고 왜 탈근대라는 세계적인 흐름에서 오히려 민족주의가 강화되고 있는가에 대한 해답도 제공해 준다. 그 설명은 장기적인 관점에서 과라니 문화 형성 과정을 추적하고, 더불어 그 역사적 공간에서 과라니 문화가 외부자들과 조응하면서 파라과이 민족 정체성을 표상하는 과정을 통해 보여 주고자 한다.

3장

과라니
언어공동체의
형성

과라니어는 파라과이 민족주의를 상징한다. 파라과이 사람에게 과라니어는 단순한 소통의 수단을 넘어서 민족 언어로써의 기능을 한다. 스페인어가 사람들과 소통하는 수단이라면 과라니어는 파라과이 사람들에게 있어 타자로부터 스스로의 정체성을 담보하는 도구인 셈이다.

과라니어가 하나의 언어집단으로 본격적으로 형성된 것은 식민시기 이전으로 거슬러 올라간다. 식민시기 이전의 과라니는 지금의 브라질 동남부와 파라과이 지역을 중심으로 흩어져 있었으며, 과라니어도 지역 집단에 따라 무수한 방언들로 존재하였다. 이 시기에 과라니는 지역 집단 간에 의사소통을 위해 아바녜(avañe'ê)를 사용하였다.

식민시기 이전까지 과라니는 스스로를 '사람'이라는 의미로 아바(avá)라 불렀다. 또한 과라니는 그들의 언어를 아바녜(avañe'ê)라 칭했는데, 녜(ñe'ê)는 '말하다'라는 의미를 내포하고 있다. 즉 아바녜는 '사람이 말한다', 즉 사람의 언어라는 뜻을 갖고 있다. 과라니처럼 원주민 종족이 외부인의 시선에 의해 그들의 이름이 생겨나고 정체성을 가지는 경우를 종종 볼 수 있다. 우리가 흔히 에스키모라고 부르는 이누이트(Inuit)의 경우에도 이누이트의 뜻이 '사람'이다. 에스키모라는 이름은 상대 종족이 붙인 이름으로 서구 탐험가와 학자들이 에스키모(날고기를 먹는 사람들)로 명명하는 것을 듣고 붙인 이름이다. 마찬가지로 과라니 스스로가 그들을 칭하는 말은 아바였다.

과라니로 불리게 된 것은 스페인계 식민 정복자와 선교사들에 의해서였다. 이들은 서로의 목적을 위해 과라니어를 습득하고 정리하는 것이 필요했다. 정복자들은 엔코미엔다 등에 동원할 노동력을 확보하기 위해 과라니와의 소통이 필요했으며, 선교사들은 '무지몽매한 미개인'들에게 가톨릭 교리를 전파하기 위해 로마자를 빌려와 과라니어를 체계적으로 정리하고 문자화 할 필요가 있었다.

과라니들의 소통언어였던 아바녜는 식민지 이후 외부인과 과라니를 이어주는 과라니어로 점차 바뀌어갔다. 과라니어는 파라과이 지방의 구성원들인 크리오요, 메스티소, 과라니를 연결하는 지방어로써의 지위를 갖게 되었다. 라틴아메리카에는 정복자와 선교 집단에 의해 주요 원주민 언어가 소통어로 지정된 경우가 있다. 그러나 과라니어처럼 식민 시기의 지방언어가 근대국가 수립이후부터 지금까지 전 국민이 민족 언어로써 실제로 사용하는 경우는 없다.

1

과라니의 현재

1) 파라과이 원주민과 과라니의 분포

과라니는 라틴아메리카에서 나우아틀(Náhuatl)과 케추아(Quechua), 아이마라(Aimara), 마푸체(Mapuche) 등과 함께 주요 원주민 종족 중의 하나이다. 과라니는 총 28만 명이 거주하고 있다. 국가별로는 브라질이 8만 5천명으로 가장 많고, 그 다음으로는 볼리비아에 8만 3천명, 파라과이에는 6만 1천명, 아르헨티나에 5만 4천명이 살고 있다[18]. 과라니의 거주 지역은 남미남부지역에 집중되어있다. 과라니의 인구수는 브라질과 볼리비아가 많지만, 이들 국가에서는 과라니 이외의 다른 종족들이 규모나 사회문화적 영향력에서 높은 비중을 차지하고 있다. 볼리비아의 경우에는 아이마라와 케추아가 주요 원주민 종족들이다. 이에 비해 과라니는 볼리비아의 중심부보다는 파라과이의 국경지역인 남부지역에 밀집되어 있다. 이는 브라질도 마찬가지인데 과라니들이 파라과이 인근의 브라질 남서부

---

18) 이 통계자료는 브라질의 원주민 노동 센터(Centro de Trabalho Indigenista, CTI)와 원주민 선교 위원회(Conselho Indigenista Missionário, CIMI), 사회환경연구소(Instituto Socioambiental, ISA), 그란데 도라도스 연방대학교(Universidade Federal da Grande Dourados, UFGD)가 공동으로 작업한 2016 과라니 콘티넨탈 지도(Mapa Guarani Continental 2016)에 수록된 것이다. 자료출처는 다음과 같다. http://campanhaguarani.org/guaranicontinental/(검색일 2020년 5월 7일)

지역에 주로 살고 있다.

　과라니는 그 숫자만큼이나 화자의 수도 상당하다. 과라니어를 공식적으로 인정하는 국가는 파라과이와 볼리비아이다. 또한 과라니어는 스페인어와 포르투갈어와 함께 남미공동시장(Mercosur)의 공식 언어이기도 하다. 브라질과 아르헨티나에서는 과라니어가 지방정부에 한하여 공식 언어로 지정되어 있다. 과라니가 남미의 다양한 국가에 걸쳐 분포하고 있지만, 파라과이와 긴밀하게 연상되는 이유는 대다수의 파라과이 국민들이 일상생활에서 과라니어를 사용하기 때문이다. 볼리비아는 복수민족주의를 채택하여 국가내의 스페인어와 함께 다양한 종족 언어를 공식 언어로 지정하였다. 그러나 볼리비아에서는 해당 종족들만 그들의 언어를 사용한다. 아르헨티나는 코리엔테스(Corrientes) 지역, 브라질은 마토 그로소 델 수르(Mato Grosso del Sur) 지역에 과라니가 집중적으로 살고 있다. 그래서 해당 지방정부에서만 과라니어가 공식 언어로 지정되어있다.

　반면에 파라과이는 과라니어를 스페인어와 함께 국가 공식 언어로 지정하고 있으며, 실제로 과라니어는 원주민이 아닌 국민(백인계, 메스티소 등)들도 사용한다. 또한 국가 공식 문서에서도 과라니어를 스페인어와 병기해서 사용한다. 이 같은 점은 과라니가 거주하고 있는 다른 국가들과 파라과이의 가장 큰 차이점이라 볼 수 있다.

　파라과이에도 복수의 종족들이 존재하고 있지만 그 중에 과라니가 가장 많은 수를 차지하고 있다. 지리적으로 파라과이는 국가의 중앙을 남북으로 가로지르는 파라과이강(Río Paraguay)을 경계로 동부지역과 서부의 차코(Chaco)지방으로 나눌 수 있다. 서부의 차코 지방은 파라과이 전체 국토의 60%를 차지하고 있지만, 인구는

10%에 불과하다. 차코 지방은 건조지역으로써 척박한 자연환경을 지니고 있어 예로부터 거주지로 적합하지 않았다.

파라과이 동부지역은 아열대 기후로써 90% 이상의 주민들이 거주하고 있다. 하나의 국가지만, 파라과이강을 기준으로 동, 서 지역의 생태와 환경, 원주민 종족 구성이 전혀 다르다. 파라과이의 주요 도시들도 파라과이 동부지역에 모여 있으며, 대부분의 과라니들도 동부지역에 거주하고 있다.

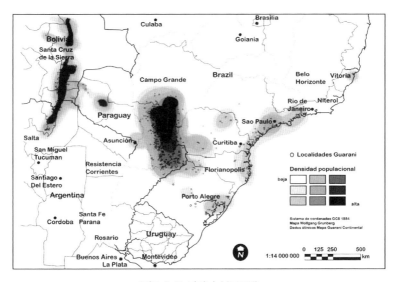

[지도 3-1] 과라니 분포도19)

[지도 3-1]은 현재 남미에 살고 있는 과라니들의 분포를 보여주고 있다. 전체적으로 과라니는 브라질 남동부 해안가와 볼리비아와 아르헨티나 건조지역, 그리고 파라과이에 집중적으로 거주하고 있

19) 출처: Guaraní Continental 2016의 자료를 재작업 한 것이다.

다. 주목할 점은 과라니가 파라과이강을 경계로 오른쪽인 동부지역에 밀집된 것을 볼 수 있다. 지도상으로는 중앙에 가장 넓고 진한 부분이다. 반면에 서쪽인 차코지역에는 진한 섬처럼 표시된 것이 전부이다. 소수의 과라니만 차코지역에 살고 있다. 즉, 파라과이의 역사와 문화적 기원은 과라니가 모여 있는 동부지역 전부라 해도 과언이 아니다. 과라니 문화가 파라과이의 기층문화를 표상하는 것도 바로 이런 맥락 때문이다.

파라과이에는 총 5개 어족(familia lingüística)이 있다. 5개 어족 중 과라니는 파라과이 동부지역에 집중되어 있고, 나머지 4개 어족은 차코지역에 모여 있다. 파라과이 통계청 자료에 의하면, 2012년 기준으로 파라과이에는 113,254명의 원주민이 살고 있다. 이는 전체 인구 대비 2% 수준이다[20]. 이와 같이 파라과이 거주 원주민은 어족에 따라 총 5개의 종족으로 나눌 수 있다. 그 5개 종족은 각각 하위 종족(sub-ethnic group)들로 나뉜다. 과라니는 총 6개의 하위 종족으로 구성되어 있다.

[표 3-1] 파라과이 원주민 종족별 인구수[21]

종족 및 하위종족	인구수(명)
과라니(Guaraní)	61,902
아체(Aché)	3,587
아바 과라니(Avá Guaraní)	1,884
브아 과라니(Mbyá Guaraní)	17,921
빠이 따브떼라(Pai Tavytera)	20,546

---

20) DGEEC, 2012 Pueblos indigenas en el Paraguay Resultados Finales de Poblacion y Viviendas.
21) DGEEC, 2012 Pueblos indigenas en el Paraguay Resultados Finales de Poblacion y Viviendas.

과라니 냔데바(Guaraní Ñandeva)	15,494
과라니 옥시덴탈(Guaraní Occidental)	2,470
렝구아 마스꼬이(Lengua Maskoy)	26,774
또바 마스꼬이(Toba Maskoy)	2,072
엔렛 노르떼(Enlhet Norte)	8,167
엔셋 수르(Enxet Sur)	7,284
사나빠나(Sanapana)	2,866
안가이떼(Angaite)	5,992
과나(Guana)	393
마따꼬 마따과조(Mataco Mataguayo)	17,238
니바끌(Nivacle)	14,768
마까(Maka)	1,888
만후이(Manjui)	582
사무꼬(Zamuco)	4,528
아조레오(Ayoreo)	2,461
으브또소(Yvytoso)	1,915
또마라오(Tomaraho)	152
과이꾸루(Guaicuru)	1,939
꼼(Qom)	1,939
합계	113,254

　파라과이에 살고 있는 5개 어족은 과라니(Guaraní)와 렝구아 마스꼬이(Lengua Maskoy), 마따꼬 마따과조(Mataco Mataguayo), 사무꼬(Zamuco), 과이꾸루(Guaicuru)이다. 과라니를 제외한 4개 어족은 소수를 제외하고 파라과이 서부지역인 차코지방에 터를 잡고 있다.

　각 어족은 하위 종족들로 구성되어 있다. 렝구아 마스코이는 6개 하위 종족인 또바 마스꼬이(Toba Maskoy), 엔렛 노르떼(Enlhet Norte), 엔셋 수르(Enxet Sur), 사나빠나(Sanapana), 안가

이떼(Angaite), 과나(Guana)로 구성되어 있다. 마따꼬 마따과조는 3개의 하위종족인 니바끌(Nivacle), 마까(Maka), 만후이(Manjui)로 나눌 수 있으며, 사무꼬도 3개위 하위종족인 아조레오(Ayoreo), 으브또소(Yvytoso), 또마라오(Tomaraho)로 구분된다. 과이꾸루는 꼼(Qom)하나로 구성되어 있다.

과라니는 총 6개의 하위종족인 아체(Aché)와 아바 과라니(Avá Guaraní), 브아 과라니(Mbyá Guaraní), 빠이 따브떼라(Pai Tavytera), 과라니 난데바(Guaraní Ñandeva), 과라니 옥시덴탈(Guaraní Occidental)이 있다. 과라니는 총 61,902명으로 파라과이 전체 원주민 숫자의 절반이상을 차지하고 있다. 이중에 과라니 난데바와 과라니 옥시덴탈의 일부가 차코 지방에 거주하고 있다. 차코지방에 거주하는 과라니들은 원래 사무꼬 어족이었으나 볼리비아의 과라니 원주민들에게 영향을 받아 과라니화되었다.

2) 개발로 인한 과라니의 주변화

도시화와 산업화로 인해 대부분의 라틴아메리카 원주민들의 생활이 녹록치 않은 것처럼 과라니의 삶과 일상도 타국가의 원주민과 크게 다를 바 없다. 과라니는 파라과이 정체성을 상징하는 문화유산을 남겼지만, 그와 별개로 그들의 현실은 너무나도 비참하다. 파라과이 사회에서 과라니의 영향력은 그 숫자만큼이나 매우 미미하다.

(출처: 저자 촬영, 2006년)

[그림 3-1] 과라니 거주 지역 대농장의 브라질 가우초

　과라니들이 주로 거주하는 파라과이 동부 지역은 브라질과 국경을 마주하고 있는데, 1980년대 이후로 브라질계 기업농과 다국적 기업이 침투하면서 과라니들의 터전이 점점 잠식당하고 있다. 거대 기업에 의한 목축과 대규모 단일작물 경작 행위는 과라니를 더욱 힘들게 하고 있다. 농장 건설을 위한 산림채벌과 도시화로 인해 과라니들이 살고 있던 지역은 야생동물이 사라지고 농지가 부족해지고 있다.

　이로 인해 과라니들은 농장의 임노동자로 전락하거나 대도시로 이주하여 도시빈민으로 근근이 살아가고 있다. 그 중의 일부는 사회변화에 적응하지 못해 약물에 빠지거나 자살을 하는 등의 비극적인 일이 발생하기도 한다. 이러한 사회 환경의 변화로 인해 과라니의 종족 위계질서와 연대감이 점차 사라지고 있다.

(출처: 저자 촬영, 2016년)

[그림 3-2] 아순시온의 판자촌 모습

과라니를 비롯한 원주민들은 소수인종으로 주변화 된 상태에 있다. 개발로 인해 삶의 터전을 잃어버린 과라니들은 수도인 아순시온을 비롯한 대도시에 이주하여 빈민층으로 살고 있다. 거처를 정하지 못한 과라니들은 수도인 아순시온의 광장과 길거리에서 까만

비닐을 나무 막대로 받친 거처에서 임시로 살고 있다.

그나마 생활 여건이 나은 과라니들은 도시에 정착하여 빈민지역에 그들의 공동체를 꾸려 나무판자로 된 집에서 살고 있다. 과라니들은 도시빈민 지역 내에서도 차별을 받아 다른 빈민들과 분리되어 살고 있으며, 추장인 카시케(cacique)가 공동체를 관리한다.

과라니 하위 종족별로 그들의 삶을 간략하게 보면 다음과 같다. 빠이 따브떼라(Pai Tavytea)는 총 20,546명으로 6개의 과라니 하위 종족 중 가장 많은 수를 차지하고 있다. 빠이 따브떼라는 파라과이의 아맘바이(Amambay) 산맥과 브라질 국경지역에 집중적으로 거주하고 있다. 전통적인 경제생활은 수렵채집과 경작이다. 1970년대 이후 그들은 외부 환경에 변화에 조응하여 경제 형태에 변화가 나타나기 시작했다.

최근 빠이 따브떼라의 큰 변화는 산업화와 도시화에 의해 일용 서비스직 혹은 노점상에 해당하는 비공식 경제에 해당하는 일자리에 집중되어있다. 이는 원주민들이 신자유주의의 영향 하에 편입되면서 빈곤으로 빠지는 요인이 되고 있다.

그 다음으로 규모가 큰 종족인 브아(Mbyá)는 17,921명이 파라과이에 살고 있다. 브아 과라니는 파라과이 뿐 아니라 브라질의 리오 그란데 도 술(Rio Grande do Sul)과 파라나(Paraná), 마토 그로소(Matto Grosso) 등 세 개의 주와 아르헨티나의 미션지역에 널리 퍼져 거주하고 있다.

아체(Aché)는 3,587명이 남아있다. 파라과이 동부지역의 중앙인 카아사파(Caazapá)와 카아과수(Caaguazú), 카닌데유(Canindeyú), 알토 파라나(Alto Paraná)에 거주하고 있다. 아체는 체질과 생활양식에 있어 다른 과라니의 하위 종족과 눈에 띄는 차이를 보이고 있다.

> 체질적으로 아체는 다른 과라니에 비해 피부가 하얀 편에 속하
> 며 눈동자도 밝은 색을 띄고 있다. 아체는 다른 말로 과자끼
> (guayakí)로 불리기도 한다. 이국적인 모습으로 인해 아체가 바
> 이킹 혹은 일본이나 다른 아시아계 후손이라는 가설이 제기되
> 기도 하였다. 이러한 이유로 아체를 두고 정통적인 과라니의 후
> 손이라는 주장과 과라니가 아니었지만 주변의 과라니 원주민들
> 에 의해 '과라니화(guaranizado)'되었다는 의견이 팽팽히 맞서
> 고 있다(Zanardini & Biedermann 2006: 341).

아체는 과이라(Guaira) 주에 주로 거주하고 있으며 다른 동부지
역에 살고 있는 과라니들에 비해 독립성이 강하고 고립된 편이다.
그래서 다른 과라니들과 유대도 거의 없는 편이다.

아바(Avá)는 1,884명으로 그 수가 많지 않다. 브라질과 인접한 파
라과이 동부 지역의 밀림지대인 카닌데유와 알토 파라나, 산페드로
(San Pedro), 아맘바이에 거주하고 있다. 아바 과라니도 빠이 따브
떼라와 브아 과라니처럼 외부 환경에 의해 많은 변화를 겪고 있다.

(출처: 저자 촬영, 2006년)

[그림 3-3] 아바 과라니 가족들과 저자

[그림 3-3]에서 보듯이 아바 과라니들은 생활 용품이나 의복 등 과거의 전통적인 삶을 완전하게 보존하면서 살고 있지 않다. 이는 아바 과라니 뿐 아니라 다른 과라니들도 마찬가지이다. 아바 과라니는 개발에 영향을 받아 그 숫자도 많이 줄어들었다. 이들은 외부의 기업농들의 침투에 의해 채집과 농경 등 전통적인 경제 활동이 축소되어 일용직 노동을 통해 생계를 유지하고 있다.

아바 과라니는 작은 경작지에서 주로 만디오카와 옥수수, 고구마, 콩, 땅콩, 호박, 바나나, 파파야, 마테차와 사탕수수를 재배한다. 수렵은 야생동물이 줄어들면서 어류로 대체하고 있다. 남성과 여성의 노동이 분리되어 있는 편이다. 남성은 사냥과 어로, 벌꿀 채집 등의 일을 하며, 여성은 과일과 채소를 채집한다. 대신에 경작지에서는 구분 없이 노동을 한다. 야생동물이 사라지면서 어로가 주요한 수렵 대상이 되고 있다. 정부에서 최근 10년 동안 이들에게 오렌지와 레몬, 귤, 쌀과 대두, 면화 등의 상품작물의 생산을 지원하면서 전통적인 농경 작물에 변화가 일어나고 있다. 가축은 닭과 돼지, 칠면조, 소를 키운다. 또한 이들의 거주 지역에도 브라질과 다국적 기업 소유의 목장과 대규모 기업농이 진출하면서 임노동이 주요 경제원으로 등장하고 있다(Zanardini & Biedermann 2006: 323).

아바 과라니를 비롯한 과라니들은 정부의 지원을 받기도 하지만 아주 미미하다. 파라과이가 정부가 과라니에게 농업을 장려한 것은 수렵채집을 할 만한 땅이 개발로 사라졌기 때문이다. 과라니가 수렵채집으로 생계를 꾸리기 위해서는 굉장히 넓은 지역에서 활동을 해야 하지만 20세기 후반에 접어들면서 그럴만한 토지가 부족해졌다.

이에 대한 대안으로써 파라과이 정부가 과라니들이 생계를 유지할 수 있도록 농업을 지원하고 있으나 농업기술과 판로 등 여러 문제에 봉착해있다. 그래서 실제로 과라니들은 집 주변의 작은 농지에 화전을 통해 스스로 자급할 수준의 농사만 짓고 있다.

(출처: 저자 촬영, 2006년)

[그림 3-4] 아바 과라니 가옥 주변의 화전 모습

[그림 3-4]는 아바 과라니가 화전을 위해 가옥 주변의 농지를 불
태운 모습이다. 아바 과라니는 주식인 만디오카와 콩, 옥수수, 호박
등의 작물을 재배하기 위해 농지를 불태워 그 자리에 농사를 짓는
다. 화전을 통해 일군 밭은 몇 년 정도 농사를 지은 후 지력 회복
을 위해 다른 장소로 옮겨 다시 불을 태워 농사를 짓는다. 화전은
나무나 식물이 탄 재가 토양의 양분을 공급하는 거름 역할을 하기
때문에 비료를 구입하기 힘든 과라니에게 경제적인 농사 방법이라
할 수 있다.

화전은 넓은 범위에서 이루어지는 것이 아니라 집 주변의 농지에

서만 이루어진다. 이것이 가능한 것은 아바 과라니의 가옥 배치 때문이다. 아바 과라니를 비롯한 과라니들의 가옥은 일반적인 농촌이나 도시 주민들처럼 밀집되어 있지 않다. 집과 집사이의 거리는 시야에 보이지 않을 정도로 멀리 떨어져 있다. 그렇기 때문에 집 주변에 농경지를 확보할 수 있는 것이다.

(출처: 저자 촬영, 2006년)

[그림 3-5] 아바 과라니 가족의 아침식사(만디오카) 준비 모습

아바 과라니를 비롯한 과라니들은 만디오카를 주식으로 삼고 있다. 만디오카는 우리의 쌀에 해당한다고 보면 된다. 요리법은 아주 간단한데, 만디오카 껍질을 벗긴 후 물에 삶는 것으로 끝난다. 삶은

만디오카는 감자와 고구마 같은 식감을 가지고 있다. 과라니들은 만디오카만을 먹기도 하지만 다른 어류나 육류를 곁들어서 먹기도 한다.

빠이 따브떼라(Pai Tavytera)와 브아 과라니(Mbyá Guaraní), 아체(Aché), 아바 과라니(Avá Guaraní)는 파라과이 동부지역에 거주하고 있다. 따라서 이들 과라니 네 하위 종족들은 개발의 영향을 받아 전통적 생활 방식이 거의 사라진 상태이다.

이에 반해 과라니의 두 하위 종족인 과라니 냔데바(Guaraní Ñandeva)와 과라니 옥시덴탈(Guaraní Occidental)은 다른 과라니들과 달리 파라과이강을 기준으로 서쪽인 차코 지역에 거주하고 있다. 차코 지역은 건조한 초원지대로써 아직까지 개발이 이루어지지 않은 땅이다. 그래서 이 지역의 과라니들은 지금도 전통적인 삶을 보존, 유지하고 있는 편이다.

> 냔데바는 볼리비아의 '과라니화' 된 이소소그(izozog)에서 분화되었다. 이들은 볼리비아에 주로 거주하였으나 19세기말에 벌어진 전쟁으로 볼리비아의 남쪽인 파라과이와 아르헨티나의 차코 지역과 브라질 쪽으로 퍼져나갔다. 파라과이로 남하한 일부 과라니 냔데바 원주민은 파라과이와 볼리비아가 맞붙은 차코전쟁 당시에 파라과이 군대를 지원하기도 하였다. 과라니 옥시덴탈은 과라니 냔데바와 마찬가지로 '과라니화'된 이소소그(Izozog) 원주민에서 분리되어 볼리비아에서 파라과이와 아르헨티나의 차코 지역, 브라질의 마토 그로소 지역으로 거주 공간을 늘려갔다 (Zanardini & Biedermann 2006: 249-270).

이 두 종족들은 원래 사무꼬(Zamuco) 어족이었으나 볼리비아의 과라니 원주민의 영향을 받아 과라니화(guaranizado)된 사례들이다. 이들은 계통적으로 파라과이 동부지역의 과라니들과 다른 유형이라 할 수 있다. 냔데바와 과라니 옥시텐탈은 파라과이 뿐 아니라 아르헨티나와 볼리비아의 차코지역에도 일부 분포하고 있다.

이처럼 과라니 하위 종족의 거주 유형은 파라과이강을 기준으로 거주하는 지역에 따라 과라니들의 계통과 문화가 차이남을 알 수 있다. 과라니 냔데바와 과라니 옥시텐탈은 볼리비아 과라니의 영향을 받았으나 삼국동맹전쟁과 차코전쟁 등을 거치면서 파라과이로 편입된 경우라 보면 되겠다. 이런 측면에서 파라과이의 정체성을 상징하는 과라니어와 문화는 바로 동부지역에 거주하는 과라니들에 의해 전승되었음을 알 수 있다.

2
과라니의 기원

  미국의 인류학자인 크뢰버(Kroeber 1923, 1939; 재인용 Gonzalez 1997: 46~50)는 남미의 원주민 집단을 다섯 개 권역 1 콜롬비아(Colombia) 혹은 칩차(chibcha), 2 안디나(Andina) 혹은 페루아나(Peruana), 3 파타고니아(Patagonia), 4 플로레스타 트로피칼(Floresta tropical), 5 안티야나(Antillana)로 나누었다. 플로레스타 트로피칼에 해당하는 지역은 콜롬비아부터 안데스와 파타고니아를 제외한 전 남미지역이 포함된다. 플로레스타 트로피칼은 라틴아메리카에서 가장 넓은 저지대에 해당된다.

  플로레스타 트로피칼 지역은 아즈텍과 마야, 잉카로 상징되는 고지대와 다른 특징을 지니고 있다. 이 지역에서는 국가나 문명단계로 진입한 원주민 집단이 출현하지 못했다. 이런 요인으로 '저지대 원주민'들은 '고지대 원주민'에 비해 그 중요성이 부각되지 못했다. 그나마 과라니는 영화 미션(mission)의 영향으로 '저지대 원주민'들 가운데서 널리 알려진 편이다.

  과라니의 기원은 제 4기 지질시대인 홍적세, 즉 빙하기로 거슬러 올라간다. 아메리카 원주민의 기원은 기원전 30,000년부터 시베리아 쪽에서 건너왔다는 것이 정설이다. 아메리카 원주민의 이주 경로에 관한 주장은 아메리카 학파와 유럽학파로 구분된다(Chase & Bierdermann 2006:20). 알렉스 히르딕카(Alex Hrdricka)를 중심으로 한 아메리카 학파는 베링해협을 통해 몽골로이드가 아메리카 대륙으로 넘어왔다고 주장하였다. 이에 반해 유럽학파인 파울 리벳(Paul Rivet)은 베링해협뿐만 아니라 대양을 통해서 다양한 인종이 이주했다고 밝히고 있다.

> 사나르디니(Zanaridina)와 비에데르만(Biedermann)은 2006년에 발간된 파라과이 원주민(Los indigenas del Paraguay)이라는 저서에서 파울 리벳의 자료를 토대로 고대 아메리카 원주민을 다음과 같이 여섯 개의 범주로 분류하였다. ① 푸에귀도스(Fueguidos)는 남미의 끝자락인 파타고니아 지역에 거주한 사람들로 오스트레일리아로부터 이주한 집단이다. ② 팜피도스(Pámpidos)는 북미 대평원과 남미 팜파스 지역의 원주민들로서 각각 베링해협과 오스트레일리아로부터 이주한 집단이다. ③ 라귀도스(Láguidos)는 브라질 동부지역의 원주민들로 멜라네시아와 베링해협을 통해 유입된 집단이다. ④아마소니코스(Amazónicos)는 아마존강과 오리노코강 지역에 거주하는 원주민이다. 이 집단은 몽골로이드 계통으로 말레이시아와 인도네시아, 남동아시아 지역에서 기원하였다. ⑤ 안디도스(Ándidos)는 멕시코와, 안데스 산맥 지역에 거주하는 원주민으로 서태평양 지역에서 이주한 집단이다. 이 집단은 아스텍과 잉카, 마야 원주민의 선조들이다. ⑥ 나머지 집단은 중미 협곡과 미국 북동부 지역의 원주민, 극지방의 이누이트를 포함한다(구경모 2016: 50~51).

과라니 기원은 18세기 중반부터 19세기 중반까지 파라과이와 볼리비아의 남동부지역이라고 알려졌으나 최근의 고고학과 언어학적 연구에 따르면 브라질의 아마존 중부 지역으로 밝혀졌다(Noelli

1996). 이 가설을 통해 본다면, 리벳이 분류한 여섯 개의 고대 아메리카 원주민들 중에서 과라니의 선조는 아마소니코스에 해당된다고 볼 수 있다. 과라니를 비롯하여 파라과이 원주민에 대한 많은 업적을 남긴 인류학자인 수스닉(Susnik 1982: 19~20)은 아마소니코스가 키가 작고 단두(短頭)이며 황색의 피부색을 지니고 있어 원시말레이와 체질적으로 유사하다고 보았으며, 아메리카 대륙에 도착한 원시말레이-몽골로이드가 기원전 3,000년경에 파나마 지협을 거쳐 베네수엘라와 콜롬비아 평원, 아마존 남쪽으로 이동하였다고 분석하였다.

또한 수스닉은 아마소니코스가 언어와 종족, 사회문화적으로 크게 두 어족으로 나뉘는데, 그 중 하나는 아라왁(Arawak)이며, 다른 하나는 투피 과라니(Tupi-Guaraní)라고 밝혔다. 수스닉은 기원전 2,000년경에 아마존 남쪽 지역에 닥친 극심한 가뭄으로 새로운 땅을 찾아 아라왁과 투피 과라니가 남쪽으로 이동했다고 분석하면서, 기원전 500년경 아라왁이 남하해서 정착했으나, 투피 과라니도 뒤이어 이주하여 먼저 도착한 아라왁을 밀어내고 브라질 남동부 해안에서부터 파라과이까지 이르는 지역을 차지하게 되었다고 주장하였다(Susnik 1982: 20~21).

고고학자인 노엘리는 수스닉과 다른 주장을 펼치고 있는데, 그는 과라니가 2000년 전부터 지금의 자리에 정착했다고 주장하고 있다(Noelli 2008: 665). 그는 투피 과라니를 구분하지 않고 설명한 수스닉과 달리 투피 과라니가 41개의 하위 종족으로 구성되어 있으며, 그 하위 종족들 가운데 투바남바와 과라니가 비슷한 시기에 브라질 북동부 해안가부터 리오 데 라 플라타 지역까지 내려와 정착했다고 주장하고 있다(Noelli 2008: 659). 노엘리에 따르면, 과라니는 투피 과라니의 하위 종족으로써 비슷한 시기에 아마존에서 떠난 다른 하위 종족인 투비남바와 겹치지 않는 지역에 정착했다고 보고 있다.

이처럼 노엘리는 수스닉 보다 한층 더 정교한 증거를 제시하고 있는데, 그것은 바로 실증적인 고고학적인 유물을 통해 분석했기 때문이다. 그는 토기를 통한 연구 성과를 바탕으로 과라니 발생과 기원 및 이동 경로에 대한 기존의 주장을 보완하는 가설을 내놓고 있다. 토기는 과라니의 기원과 이동 경로를 풀 수 있는 결정적인 단서를 제공하고 있다. 왜냐하면 과라니의 유물 가운데서 토기의 양이 많아 비교 측정이 가능하기 때문에 연대와 공간의 이동 등을 살펴보기에 적절하다.

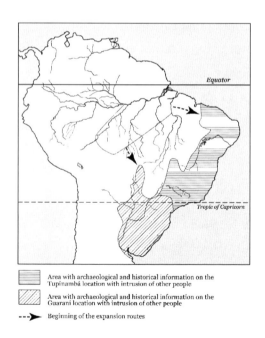

[지도 3-2] 과라니와 투피남바의 기원과 이동경로[22]

[지도 3-2]를 보면, 수평으로 빗금 친 부분이 투피남바가 정착한 지역이며, 사선으로 빗금친 지역이 바로 과라니가 거주하는 지역이다. 투피남바의 거주지역은 지금의 브라질 북동부부터 상파울루까지이며, 과라니의 정착지는 파라과이와 우루과이, 아르헨티나와 브라질 일부 지역이 포함되어 있다. 노엘리(Noelli 2008)에 따르면, 토기 양식은 과라니와 서부 아마존 원주민, 투피남바(Tupimanba)와 동부 아마존 원주민이 각각 유사함을 보이고 있다. 이는 과라니와 투피남바가 같은 어족이지만 서로 다른 종족이었음을 알 수 있다. 투피남바는 남동쪽으로 향해 내려갔다. 이들은 지금의 상파울루와 리오 데 자네이로 등 남동부 해안지역에 도달하였다. 과라니는 남서부로 남하하여 파라과이의 남동쪽을 감싸는 파라나 강을 지나 우루과이 강과 그 지류를 따라 내려갔다. 과라니는 볼리비아와 파라과이, 브라질 남부, 우루과이에 먼저 도달했고, 그 이후에 아르헨티나 남동부 해안까지 도달한 것으로 보인다.

지금까지 과라니와 관련 있는 고고학 유적은 파라과이 동부지역과 아르헨티나의 북동부, 우루과이. 브라질 남부의 마토 그로소 델 수르과 상파울루, 그리고 파라나, 산타 카탈리나 지역에서 발견되고 있다. 이와 같은 고고학적 자료는 과라니 문화권에서 대한 실증적인 증거로써 중요한 의미를 지닌다. 과라니의 유적은 마토 그로소 델 수르를 제외한 나머지 지역에서 광범위하게 발견되고 있다(Noelli & Funari, 2002: 25-62). 이러한 여러 증거들로 보아 과라니는 아마존 투피-과라니의 하위 종족으로써 남하한 후 지금의 지

---

22) 출처: Noelli, Francisco 2008, "The Tupi Expansion", *The Handbook of South American Archaeology*, pp. 669.

역에 정착한 것으로 보인다.

과라니의 이동은 그들의 세계관에서도 나타난다. 과라니는 자연재해로 인해 농사지을 땅을 찾아 이동하면서 그들의 종교관과 세계관인 '죄 없는 땅(Tierra sin mal)'[23]을 찾아다니는 관습을 가지게되었다.(Martinez 2005).

> 과라니의 '죄 없는 땅' 찾기는 1639년 출간된 과라니어의 보물(Tesoro de la lengua guaraní)이라는 책에서 안토니오 루이스데 몬토자에 의해 가장 먼저 언급되었다. 그는 죄 없는 땅이 순수한 장소이며 아무 건물도 없는 곳이라 말하였다. 죄 없는 땅은 과라니어로 으브 마라에으(Yvy mará'ey)라고 부른다. 으브는 땅 혹은 장소라는 뜻이며, 마라에으는 죄가 없다는 뜻이다. 이 말은 사람이 사는 보통의 세상과 달리 죄가 없는 순수한 곳을 의미한다. 즉 성경에 나오는 에덴동산처럼 과수가 풍부하며 악하거나 나쁜 것이 없는 평온한 곳이다. 과라니가 그곳에 도달하기 위해서는 바다가 나올 때까지 동쪽으로 가야한다고 전한다. 과라니는 죄 없는 땅에서 살기를 꿈꾸는데 그곳은 옥수수가 저절로 자라고 사람들이 죽지 않는다고 믿는다. 그래서 그들은 그 곳을 도달하기 위해 항상 떠날 준비를 한다. 과라니와 그들의 선조인 아마소니코스가 남미의 상단에 위치한 카리브 연안에서 현재 살고 있는 지역까지 내려와 정착한 것은 바로 이러한 믿음 때문이었다(구경모 2016: 55).

이 시기의 과라니들은 씁쓸한 맛의 만디오카를 재배하였다. 현재 파라과이에서 먹는 단맛의 만디오카는 식민시기 스페인 정복자들에

---

23) '티에라 신 말(Tierra sin Mal)'은 죄 없는 땅이라는 뜻으로 과라니의 세계관을 압축한 용어이다. 과라니에게 있어 죄 없는 땅은 영혼과 몸이 사라지지 않는 곳으로 씨를 심지 않아도 생명이 솟아나는 불사의 장소로 거짓과 속임수가 없는 '유토피아'와 같은 곳이다(Clastres 1989; Villar, Diego & Combès 2013).

의해 널리 재배되었다(Susnik 1982: 23). 씁쓸한 맛의 만디오카는 독성이 포함되어 있어 식용으로 사용하기 위해서는 그 부분을 제거해야하는 과정이 필요하였다. 또한 과라니들은 토기를 생산하였는데, 그 토기의 특징은 손가락과 지문으로 토기의 겉면에서 무늬를 찍어 넣는 것이었다. 토기는 음식을 요리하거나 마테차를 마시는 데 사용하였다.

과라니들이 주식으로 사용한 만디오카와 기호 식품이었던 마테차는 긴 시간 속에서도 살아남아 파라과이의 정체성을 상징하는 음식과 차로 거듭났다. 특히 만디오카는 과라니의 주식으로 그 원산지가 아마존 유역과 지금의 콜롬비아 인근으로 알려져 있으며 유카(yuca)라 불리기도 한다. 만디오카는 과라니의 조상이 아마존 유역에서 기원했다는 증거이기도 하다. 만디오카는 열대 토양 아무 곳에서나 잘 자라며 수확도 빨라 '축복의 작물'로 불린다.

과라니는 마테차를 마법을 지닌 영험한 약초로 이해하여 의례과정에서 주로 마셨다. 과라니는 토기에 마테 잎을 빻아서 물을 넣어서 마셨으나 점차 조롱박에 빨대와 유사한 갈대를 꽂아 한 모금씩 빨아서 마셨다. 초기 정복자들은 마테 잎을 '악마의 풀'이라 생각하여 업신여겼으나, 예수회 선교사들은 개의치 않고 마테를 처음 재배하였다(구경모 2015: 176). 또한 과라니는 마테차와 함께 곁들일 수 있는 약초에 대한 지식도 풍부하였다. 일부 약초는 재배하기도 하였다. 그 전통이 현재까지 남아 파라과이 시장과 길거리, 마트에서 약초를 흔히 볼 수 있다.

3

과라니 언어공동체의 형성

1) 스페인계와 포르투갈계 정복자들의 경쟁과 과라니의 이동

라틴아메리카 원주민들의 삶은 스페인과 포르투갈을 위시한 유럽계 정복자들이 들어오기 전과 후로 구분할 수 있다. 콜럼버스가 '신대륙'을 발견한 1492년 이래로 정복자들은 아메리카 대륙 곳곳을 휩쓸었다. 초기에 스페인계 정복자들은 원주민들의 도시와 제국을 유린하면서 그들의 거점을 확보하였는데, 그 지역이 바로 지금의 멕시코와 중미에 해당되는 아즈텍 문명과 마야문명, 남미 안데스의 잉카문명이다. 라틴아메리카의 원주민 문명에는 정복자들이 원했던 금과 은도 있었지만 그것보다 중요했던 것은 노동력이었다. 당시 식민지 정치경제의 기반인 엔코미엔다에서 많은 수익을 거두기 위해서는 원주민 노동력이 필수적이었다. 그렇기에 원주민 노동력이 풍부했던 문명 지역은 스페인계 정복자들의 우선 정복 대상이었다.

그에 비해 과라니 거주 지역은 지리적으로 본국인 스페인으로부터 가장 먼 곳에 위치하고 있어 스페인계 정복자들의 관심 밖에 있었다. 또한 중미와 안데스 지역처럼 내세울만한 도시나 문명도 없었으며, 금과 은도 존재하지 않았기에 정복자들에게는 관심 밖의 지역이었다. 과라니 거주지는 포르투갈계 정복자들의 영역과 겹쳐서 넓은 땅을 확보한 스페인계 정복자들이 굳이 이 지역을 정복할 생각을 가지지 않았다.

과라니들이 정복자들과 본격적으로 조우한 것은 콜롬버스가 아메리카에 도착한지 어언 40년이 지난 뒤 페드로 멘도사가 이끄는 정복대가 아메리카 대륙으로 떠난 이후였다. 페드로 멘도사는 스페인계 정복자들이 도달하지 못했던 미지의 땅인 리오 데 라 플라타로 파견된다. 마젤란이 세계 일주를 위해 아메리카의 최남단에 위치한 리오 데 라 플라타를 스쳐 지나갔고, 후안 디아스 데 솔리스(Juan Díaz de Solís)가 이끄는 탐험대가 지금의 브라질을 거쳐 리오 데 라 플라타에 발을 디뎠었다. 그러나 솔리스는 식민도시를 건설할 목적으로 리오 데 라 플라타에 당도한 것이 아니라 스페인에서부터 남미 끝자락으로 향하는 바닷길과 그 지형을 숙지하기 위해 탐험하였다. 이와 다르게 페드로 멘도사 일행들은 부에노스아이레스24)를 건설하였고 그 이후에 후안 데 살라사르 데 에스피노사를 파견하여 아순시온에 식민 도시를 구축하였다. 그리고 페루 부왕령으로 도달할 수 있을 길을 찾기 위해 지금의 볼리비아를 거쳐 리마로 향하는 파견대를 보냈다.

---

24) 페드로 멘도사(Pedro Mendoza)가 건설한 부에노스아이레스는 원주민들의 맹렬한 공격을 받아 파괴되었다. 그래서 리오 데 라 플라타의 거점 도시를 아순시온으로 정한 후 다시 지금의 자리에 부에노스아이레스를 건설하였다.

(출처: 저자 촬영, 2017년)

[그림 3-6] 아순시온 설립 정복자 동상과 카빌도[25]

멘도사 일행들은 우여곡절을 겪으며 리오 데 라 플라타 지역에
여러 식민도시를 건설하게 되었다. 그리고 뒤이어 알바 누네스 카
베사 데 바까(Álvar Núñez Cabeza de Vaca)가 2차 정복대를 이끌
고 리오 데 라 플라타에 도착하였다. 스페인 왕은 식민지에 대한
영향력을 유지하기 위해 정복대를 지속적으로 파견하였다. 2차 정
복대를 데리고 온 카베사 데 바카는 왕의 칙령에서 따라 리오 데
라 플라타에 대한 지배를 위임 받기 위해 아순시온에 도착하였다.

---

25) 동상은 1537년 8월 15일 아순시온을 세운 후안 데 살라사르 에스피노사(Juan de Salazar de
Espinosa)의 모습이다. 그 뒤에 건물은 식민시기 아순시온의 '시청'에 해당하는 카빌도(cabildo)
로써 1541년에 건설되었다.

그러나 1차 원정대들은 2차 원정대에게 권한을 이양하는 것에 대해 탐탁하게 여기지 않았고, 두 정복 세력들은 서로 갈등을 거듭하면서 유혈 사태까지 발생하게 된다. 결국 카베사 데 바카는 1차 원정대에게 패하게 되고 브라질 국경 부근으로 쫓겨나게 된다.

카베사 데 바카 일행은 지금의 이과수와 쿠리치바(Curitiba), 산타 카탈리나(Santa Catalina)에 이르는 지역에 도시를 건설하고 브라질의 포르투갈 세력을 견제하였다. 예수회도 스페인 지배 영역 내에서 원주민을 교화하는 마을 공동체인 레둑시온(reducción)을 건설하여 선교를 하였다. 브라질은 공식적으로 노예제도가 작동하였기 때문에, 브라질 지역에 거주하던 과라니들은 반데이란테스(bandeirantes)라 불리는 포르투갈 정복자들을 피해 스페인 지배 영역으로 이주하였다. 이로 인해 포르투갈이 지배하던 지역에서 과라니들이 점차 사라지자, 포르투갈 정복자들이 스페인 지배 영역으로 침입하여 '과라니 사냥'을 하였다.

이 과정에서 스페인 세력이 점점 서쪽으로 물러가게 되었고 점차 예수회와 함께 과라니들도 현재의 파라과이 국경 중심으로 모여들기 시작했다. 이런 과정을 거치면서 레둑시온이 지금의 파라과이 동남쪽 국경을 따라 밀집하게 되었으며, 이것이 파라과이에 과라니 문화가 식민 시기부터 집중적으로 전승된 요인 중의 하나라 할 수 있다. 이와 관련된 내용은 4장에서 상세하게 다룰 것이다.

2) 식민시기 파라과이 지방언어로써 과라니어

과라니어는 메소아메리카 문명의 나우아틀(náhuatl)어와 안데스 문명의 케추아(quechua)어, 아이마라(aymara)어와 함께 식민시기 라틴아메리카의 주요 원주민 언어였다. 이러한 명맥은 식민시기를 거쳐 지금까지 이어져오고 있다. 식민시기 스페인 왕실과 바티칸은 16세기 중반 예수회가 각기 다른 언어를 가진 원주민들을 선교하기 위해 나우아틀어와 케추아어, 아이마라어, 과라니어 총 4개의 언어를 공통 언어로 지정하였다(Trinidad 2005: 691).

그렇다면 지금의 과라니어의 원형은 언제 생겼을까? 식민시기 이전에 과라니는 스스로를 '사람'이라는 뜻의 아바(ava)로 불렀으며, 언어 및 문화적 정체성을 공유하였다(Susnik 1982: 22; Godoy 2004: 249). 대신 과라니들은 그들만의 거주 영역인 과라(guara)가 존재하였으며, 그 영역을 다른 거주 지역의 과라니들이 침범하지 않았다. 과라는 토지 사용에 대한 권한인데, 화전과 사냥 등 경제생활 관련된 범위로서 일반적으로 강을 경계로 한다(Susnik 1982: 32). 과라(guara)라는 용어는 예수회 선교사인 몬토야(Montoya)가 처음 발견했으며, 그에 의해 과라니라는 명칭이 처음 사용되었다(Susnik 1982: 23~32).

과라에 따라 언어의 차이가 있었는데, 과라니 내의 과라집단 간의 소통을 위한 언어가 있었다. 파라과이를 비롯한 그 인근 지역 과라니들의 공통어(lingua franca)가 있었는데, 그 언어가 바로 아바녜(avañe'ẽ)로 현재 과라니어의 기원이다(zucollio 2002: 23). 앞서 설명했듯이 아바는 '사람'이라는 뜻이며, 녜는 '말하다'라는 의미를 지니고 있다. 즉 아바녜는 '사람의 말'인 것이다.

이 아바녜는 스페인계 정복자와 선교사들이 지금의 파라과이와 리오 데 라 플라타 지역에 정착하면서 과라니어의 원형에 해당되는 아바녜가 두 개의 언어로 분화되었다. 그 중 하나가 과라니 크리오요(guaraní criollo) 혹은 과라니 파라과조(guaraní paraguayo)라 불리며, 다른 하나는 과라니 헤수이티코(guaraní jesuítico) 혹은 과라니 클라시코(guaraní clásico)이다(Zucollio 2002: 24).

과라니 크리오요는 아순시온에 정착한 스페인계 정복자들이 과라니와 접촉하면서 생성된 것으로서 과라니어와 스페인어가 접목된 형태를 보이며, 이 언어는 파라과이 지방(Provincia del Paraguay) 전역으로 퍼져나갔다(Zucollio 2002, 24). 반면에 과라니 헤수이티카는 변하지 않은 상태로 지속되어 아바네의 원형에 가깝다. 예수회 레둑시온26)은 오지에 위치하고 있어 과라니들이 다른 스페인어 화자와 접촉하거나 혼혈을 겪지 않았기에 '순수한' 상태의 과라니어를 유지할 수 있었다(zuccollio 2002: 25).

프란시스코와 예수회 선교사들은 과라니어 문법과 단어를 정리하여 활자화 및 표준화를 실시하여 문법책과 사전을 편찬하였다. 그 첫 번째 결과물은 프란시스코회의 루이스 볼라뇨스(Luis Bolaños)에 의해 1607년에 출판된 "일상의 짧은 교리 문답서(Catecismo Breve y Cotidiana)"이라는 책이다. 뒤이어 예수회 선교사인 몬토야(montoya) 신부는 과라니어의 알파벳과 문법, 발음 등을 집대성하여 4권의 책으로 발간하였다. 그는 1639년에는 "과라니어의 보물(Tesoro de la Lengua Guaraní)"이라는 과라니어-스페인어 사전을 처음으로 발간하였다. 그리고 1년 뒤인 1640년에 몬토야는 스페인

---

26) 레둑시온(reduccion)은 예수회가 원주민을 선교하기 위해 건설한 일종의 마을 공동체이다. 레둑시온에는 카빌도(cabildo)와 교회, 공동묘지, 작업장, 강당, 감옥, 식당, 원주민 숙소, 여관, 광장 등의 생활시설을 갖추고 있었다. 이 마을은 자급자족적인 공동체로서 스페인계 정복자들이 살고 있는 도시와 격리되어 있었다. 이러한 레둑시온은 17세기 중반까지 과이라 지방(파라과이 식민지방 정부에 속한 곳으로 현재 브라질의 파라나 주 경계와 거의 일치)에 주로 건설되었으나 포르투갈계 정복자들인 반데이란테스(bandeirantes)의 침입으로 인해 지금의 파라과이 미시온(Misión) 주와 아르헨티나의 미시온 주로 대거 이동하였다.

어-과라니어 사전인 "과라니어 어휘(Vocabulario de la Lengua Guaraní)"와 문법을 다룬 "과라니어의 기법(Arte de la Lengua Guaraní)", 가톨릭 교리를 다룬 "과라니어 교리문답서(Catecismo de la Guaraní)"를 연달아 출판하였다(Montoya 2002, 2011, 2011, 2011).

예수회의 레둑시온은 외부의 간섭을 받지 않는 독립적인 공동체였기 때문에 식민시기 이전에 사용했던 과라니어 원형을 지속적으로 보존할 수 있는 '살아 있는 아카이브'의 역할을 하였다. 과라니 크리오요는 정복자와 접촉 빈도가 높은 아순시온을 중심으로 크리오요와 메스티소, 이들과 자주 접촉하는 과라니들이 사용하였고 점차 주변으로 확장되었다. 과라니 크리오요는 현재 파라과이에서 일상 언어로 쓰이고 있는 '요빠라(yopara)'와 상당히 흡사하다고 볼 수 있다. '요파라'는 과라니어로 혼합 혹은 섞임이라는 뜻으로 과라니어와 스페인어가 뒤섞인 형태이다.

과라니 헤수이티카는 과라니들간의 전통적 언어이지만, 18세기 말 예수회가 축출되면서 그 명맥이 약해졌다. 또한 안토니오 로페스 정부가 19세기 중반 과라니 마을인 타바(tava)를 해체함에 따라, 현재는 남아 있는 소수의 과라니에 의해 전승되고 있다. 그러나 소수의 과라니들이 사용하는 언어도 점차 변화하여, 그 원형은 예수회 신부들이 남긴 문헌에 기록되어 있다. 결과적으로 과라니 크리오요가 일상 언어인 구어(口語)로 발전했다면, 과라니 헤수이티코는 문어(文語)로 남게 되었다. 현재 파라과이의 초·중·고의 과라니어 수업은 단어와 문법이 정리된 과라니 헤수이티카를 기본으로 진행한다. 그래서 파라과이 학생들은 공식 교육과정에서 배우는 과라니어를 굉장히 어려워한다. 왜냐하면 실생활에서 쓰는 과라니어는 스페인어와 섞인 '요파라'이기 때문이다.

식민시기 과라니어가 파라과이의 지방어로 자리 잡은 것은 과라니가 파라과이 지방을 중심으로 거주한 요인도 있지만, 과라니의 친족제도와 정복자들에 대한 호의적인 태도, 예수회의 활동, 포르투갈계 정복자의 침입 등의 요인도 크게 영향을 미친 것으로 보인다.

수스닉(Susnik 1982: 67~89)의 주장에 의하면, 과라니들은 일부다처제 사회로 그들은 식민 정복자들에게 호의적이었다. 특히 그들이 접해보지 못한 도끼와 칼등의 철제류를 손에 넣기 위해 추장들은 그들의 딸을 정복자들에게 시집보냈다. 추장들은 혼인을 통해 정복자들과 관계를 맺어 철제류와 위세를 얻고자 하였다. 이런 식으로 정복자들은 적게는 10명, 많게는 20~30명의 과라니 처녀와 혼인하였다. 이렇게 태어난 자녀들은 메스티소이지만 원주민인 어머니와 함께 자라는 경우가 많아 스페인어 보다 과라니어의 사용 빈도가 높았다.

또한 식민시기 파라과이 지방에 도착한 스페인계 정복자들도 과라니어를 적극적으로 배웠다(Meliá 1992). 멜리아는 구체적인 사례를 통해 당시 스페인 정복자들의 적극적인 과라니어 사용에 대한 증거를 문헌으로 제시하였다. 아사라(Azara)라는 여행가는 1620년 예수회 보고서를 인용하면서 파라과이 지방에서 정복자들조차 스페인어를 쓰지 않는 광경에 대해 놀라면서 다음과 같이 얘기를 했다고 한다. 아사라는 "도시(아순시온)를 세운 스페인계 정복자들은 원주민 여자들과 결혼하였고 스페인어를 구사하지 않는다. 그들의 아이들은 자연스레 어머니의 언어(과라니어)를 배운다. 스페인어는 단지 원주민에 비해 인종적으로 고귀하다는 것을 증명하기 위해 그 냥 간직하는 정도이다. 그러나 파라과이 지방에 남아 있는 스페인 계 정복자들은 그것(스페인어의 고귀함)조차도 생각하지 않는다. 그들의 언어(스페인어)는 잊어버렸고, 대신에 과라니어가 그 자리 를 메우고 있다"고 언급하였다(Meliá 2003: 117).27)

이처럼 정복자들은 다수의 원주민 아내와의 소통하기 위해서 과 라니어의 구사 비중을 높이거나 과라니어를 주로 사용하였다. 스페 인계 정복자들이 과라니어를 적극적으로 구사함에 따라 그들의 후 손인 크리오요와 메스티소도 과라니어 사용에 아무런 제약이 없게 되었다. 이렇게 아순시온 지역을 중심으로 탄생한 과라니 크리오요 는 아순시온 정복자들의 후손들에 의해 파라과이 식민 지방 전역으 로 퍼져나갔다. 이런 측면에서 과라니의 친족제도는 과라니 크리오 요의 탄생과 확산에 결정적인 영향을 주었다.

이 밖에 예수회의 활동도 파라과이 지방의 과라니어 활성화에 기 여하였다. 루이스 볼라뇨 신부의 번역을 도운 두 명의 크리오요인 후안 데 산 베르나르도(Juan de San Bernardo)와 가브리엘(Gabriel) 신부의 증언은 초기 식민시기에 메스티소 뿐 아니라 크리오요도 과 라니어를 적극적으로 사용했다는 것을 보여주고 있다. 파라과이 지 방의 크리오요들은 교리문답과 기도를 할 때 과라니어를 쓰는데, 왜냐하면 그 언어가 이해하기 쉽고 항상 사용하기 때문이다(Meliá 2003: 117)라고 밝히고 있다.

내적 요인과 함께 포르투갈계 정복자인 반데이란테스(bandeirantes)

---

27) 이 내용은 멜리아(2003: 117)가 아사라라는 여행가가 1620년 12월 작성된 예수회 저자의 보 고서를 참고한 것으로써 그 예수회의 보고서는 마르시엘 데 로렌사나(Marciel de Lorezana) 신 부가 작성했다고 보고 있다.

의 침입은 과라니 거주 지역에 대한 재정비를 요구하였다. 파라과이 지방 정부는 과라로 흩어져 있던 과라니들의 원활한 관리를 위해 하나의 마을로 단위로 묶는 작업을 하였다. 그렇게 해서 생긴 과라니 마을이 타바(tava)였으며 19세기 중반까지 유지되었다. 타바 마을의 설립은 식민시기 파라과이 지방내의 소통 도구로써 과라니어가 활성화된 요인이라 볼 수 있다.

따라서 과라니어는 상기 요인들에 의해 식민시기 파라과이 지방의 구성원들을 이어주는 소통어로 자리매김하였다.

3) 민족 언어로의 성장

예수회가 식민시기 파라과이 지방을 중심으로 활동한 역사적 배경은 과라니어가 활자어의 지위를 획득하고 식민지 파라과이 지방의 일상 언어로서 성장하는데 큰 역할을 했다. 과라니어가 근대적인 언어로 체계화된 것은 원주민들이 교리문답과 세례를 할 때 사용되었던 스페인어를 이해하지 못하자 선교사들이 원주민 언어를 통해 선교할 필요성을 느꼈기 때문이다(Melià 2004: 43~47). 이러한 역사적 사실은 앞서 언급한 것처럼 1567년 리마 종교회의에서 과라니어를 비롯하여 나우아틀어와 케추아어, 아이마라어를 선교를 위한 언어로 지정한 것을 보아도 잘 알 수 있다.

여기서 한 가지 의문은 라틴아메리카의 주요한 원주민 집단의 언어였던 3개의 원주민 언어가 선교를 위한 언어에 포함되었음에도 불구하고 왜 과라니어와 같은 지위를 획득하지 못했는가? 이 의문에 대한 답이 바로 과라니어가 라틴아메리카에서 유일한 대중 언어이자 민족 언어로 성장한 이유일 것이다. 그것은 크게 세 가지 요인으로 분석할 수 있다.

첫 번째는 지리적 요인이다. 식민시기 파라과이 지방은 남미대륙의 깊숙한 곳에 위치하고 있어 접근하기 힘들었을 뿐만 아니라 본국에서 관심을 가질 만한 금과 은이 존재하지 않아 스페인 정복자들의 유입이 많지 않았다. 또한 포르투갈계 정복자들이 수시로 침범하여 스페인계 정복자들 입장에서는 '전방'과 같은 곳으로 파견되는 것을 꺼렸다. 이로 인해 소수 정복자들은 토착화되었고 자연스레 스페인어 영향력이 약화되었다. 대신에 과라니어는 파라과이 지방내의 구성원들을 이어주는 언어의 역할을 담당하였다.

두 번째는 예수회의 영향이다. 예수회는 원주민 공동체인 레둑시온을 건설하여 과라니의 문화와 언어를 보호하였다. 예수회는 본국과 지방정부에 납부하는 세금을 거부하면서 자신들만의 공동체를 건설하였다. 다른 지역보다 파라과이 지방과 그 주변 지역에서 예수회가 성공적으로 레둑시온을 유지시켰던 것은 본국의 간섭을 덜 받는 오지였기 때문이었다.

예수회가 파라과이 지방에서 성장한 것은 과라니 인구수에서 잘 드러난다. 1761년에는 13개의 예수회 레둑시온 내의 과라니 수가 44,329명 이었으며, 레둑시온 외부의 인구는 39,739명에 불과하였다. 레둑시온의 과라니 수가 파라과이 지방 인구수의 절반이 넘었다. 예수회가 파라과이에서 축출된 후인 1799년에는 과라니들이 빠져나가 레둑시온에 18,473명만 남았으며, 레둑시온 외부의 인구는 89,597명으로 급속히 증가하였다(Melià 1993: 243). 이렇게 레둑시온에서 나간 과라니들은 촌락과 도시에 정착하였고, 그로 인해 과라니어의 영향이 더욱 확대되었다.

세 번째는 교육시설의 부족과 인쇄술 도입이 늦어 스페인어 교육이 제대로 이뤄지지 못했다는 점이다. 파라과이는 에르난다리아스(Hernandarias)[28]가 1603년 본국으로부터 대학을 유치하기 위해 노력한지 거의 300년 지난 뒤인 1890년에 국립 대학교를 설립하였다. 식민 시기에도 학교가 있었으나 대부분은 예수회가 운영하는 신학교였다. 1767년 예수회가 축출 당하면서 파라과이 지방 정부는 신학교가 아닌 근대적인 교육시설을 원했다. 그러나 스페인의 카를로스 3세는 아순시온에 예수회 신학교를 대신하여 아순시온 신학교(Colegio Seminario de Asunción)를 설립하였다(Gonzalez 1998: 281). 파라과이에 근대적인 교육시설이 설립 된 것은 한참 뒤인 1841년 국회에서 국립 중·고등학교(Colegio Nacional)의 전신인 문예 학교(Academia Literaria)를 허가하면서 설립되었다(Cardozo 1996: 272). 인쇄와 출판은 1844년에야 시작하였다.[29] 다른 라틴아메리카 국가 보다 뒤늦은 학교 설립과 인쇄술의 대두는 스페인어보다 구어체 경향이 강한 과라니어가 일상 언어로서 확고하게 자리를 잡은 요인이라 할 수 있다.

앤더슨(1983)은 크리오요 관리와 더불어 지방의 인쇄업자들이 만든 신문에 의해 지역의 독자들이 공동체 의식을 가졌고, 이로 인해 형성된 라틴아메리카의 민족주의는 각 국가들이 독립할 수 있는 기반을 제공했다고 분석하고 있다. 이러한 분석에 의하면 인쇄술의 출현이 매우 늦었던 파라과이에서는 인쇄술이 아닌 다른 요소가 독

---

28) 에르난다리아스는 크리오요의 후손으로서 처음으로 파라과이 지방정부의 수장으로 오른 인물이다(Durán 1998: 190).

29) 예수회는 18세기 초부터 인쇄와 출판을 했으며, 그 내용과 대상은 주로 과라니어와 원주민으로 제한되어 있었고 그마저도 예수회가 파라과이에서 축출되면서 유명무실해졌다(Cardozo 1996: 158~160).

립을 위한 정체성을 형성했다는 것을 반증하는 것이다. 그것은 파라과이가 라틴아메리카의 다른 국가들과 달리 언어적 정체성이 발달했기 때문이다. 그 정체성의 근원은 바로 과라니어와 과라니 문화였다.

　파라과이 지방의 일상 언어인 과라니어는 다른 언어를 쓰는 식민 지방 사람들, 특히 아르헨티나의 스페인어와 브라질의 포르투갈어와 구분되어 파라과이 지방의 문화적 경계를 규정하는데 큰 역할을 담당했다. 이 같은 문화적 경계는 식민 시기부터 독립까지 물리적인 국경 형성 과정을 통해 확고해진다.

4장

국경 형성과
과라니 정체성의
확립

과라니 문화가 파라과이의 민족 정체성으로 수렴되는 과정은 식민시기 국경 형성과 밀접한 관련이 있다. 앞 장에서 분석했듯이 과라니 문화권은 파라과이와 브라질, 아르헨티나, 파라과이, 우루과이 등 몇 개의 국가에 걸쳐 남미 남부지역 넓게 퍼져있었다. 과라니어와 문화가 기층문화로써 파라과이를 상징하게 된 것은 포르투갈 정복자들에 의해 과라니들이 지금의 파라과이 국경 근처로 이동하게 된 것이 결정적이었다.

파라과이 국경이 형성된 배경에는 식민시기 스페인과 포르투갈 세력의 경쟁 구도라는 요인이 크게 작용하였다. 더 구체적으로는 스페인계 정복자간의 갈등과 대립, 정복자의 스페인 왕실에 대한 반감과 포르투갈 세력의 침입으로 인한 정복자간의 연합 등 오랜 기간 동안 그 당시 엘리트였던 정복자와 그 후손들의 다양한 정치적 관계가 영향을 미쳤다.

파라과이 국경은 식민시기 하나의 통치 단위로써 스페인 왕실이 파라과이 지방(Provincia de Paraguay)을 세우면서 시작되었다. 파라과이 지방은 스페인 입장에서 계륵과 같은 존재였다. 파라과이 지방은 다른 식민 지역과 달리 금과 은은 없고 토르데시야스 조약(Tratado de Tordesillas)으로 인해 정적인 포르투갈계 정복자들과 마주하고 있는 골치 아픈 지역이었다.

익히 잘 알려진 바대로 1494년에 맺은 토르데시야스 조약과 1750년에 체결한 마드리드조약(Tratado de Madrid)은 스페인계 정복지역과 포르투갈계 정복지역을 분할하는 중요한 협약이었다. 이 협약은 파라과이 국경 형성에 직접적인 영향을 미쳤다. 토르데시야스 조약에 의해 두리뭉실하게 구분되었던 남미 남부지역의 국경들은 두 정복 집단들의 경쟁으로 이끌어낸 마드리드 조약으로 인해 비로소 현재의 모습에 가깝게 획정되었다.

특히 16세기와 18세기 사이에 파라과이 지방은 포르투갈계 정복자인 반데이란테스들이 지배한 브라질 지방과의 경쟁을 통해 점차 지금의 국경모습을 갖추게 되었다. 즉 식민시기 파라과이의 경계는 외부의 적으로 인해 교황이 정해준 영역에서 실제 영역으로 변화하면서 그 모습을 갖추게 되었다. 이는 현재의 파라과이 국경이 리오 데 라 플라타 부왕령 수립 이후의 아르헨티나와의 관계 뿐 아니라 그 이전의 포르투갈 세력들과의 관계에 의해서도 영향을 받았다는 것을 증명한다.

또한 토르데시야스 조약을 대체한 마드리드 조약의 체결은 포르투갈의 라 플라타 강 유역에 대한 점령이 주요 원인이었지만, 그 이전에 있었던 포르투갈 세력의 파라과이 지방으로의 침략이 그 토대가 되었다는 것을 부인할 수 없다. 이는 식민시기의 파라과이 지방과 브라질의 경계 형성 과정이 두 식민 본국의 라틴아메리카 영토 분할에 적지 않은 영향을 미쳤다는 것을 알 수 있다.

결국 남미에서 스페인 지배지역과 포르투갈 지배지역의 경계 획정은 식민시기 파라과이 지방과 브라질에서 경쟁하던 정복자들의 경쟁 심화가 그 원인이었다. 이것이 토르데시야스 조약에서 마드리드 조약으로 이행하는 단초를 제공하였다. 이로 인해 과라니들은 포르투갈 정복자들을 피해 파라과이 지방과 그 인근 지역으로 몰려들게 되었다. 당시 이주한 과라니들은 대부분 예수회에서 관리하던 레둑시온에 있던 원주민들이었고, 그 흔적은 파라과이와 아르헨티나에 미시온이라는 이름으로 남아있다.

이처럼 식민시기 스페인계와 포르투갈계 정복자의 대립은 미시온 지역의 과라니들이 파라과이 지방으로 자연스레 흡수되는 계기를 제공하였다. 즉, 외부 세력인 포르투갈계 정복자들인 반데이란테스(bandeirantes)[30]의 침입은 파라과이 지방의 구성원들이 서로를 하나의 집단으로 인식하게 된 계기가 되었다.

결과적으로 포르투갈계 정복자들의 침입은 파라과이 지방이 축소되는 결과를 가져왔지만, 그 과정에서 파라과이 지방의 주민들은 물리적인 경계를 인식함과 동시에 지역 집단으로써 정체성을 가지게 되었다. 이는 바로 파라과이 지방의 구성원들이 타자에 의해 자아를 인식하는 과정이었다.

---

30) 이들은 인종적으로 포르투갈계 정복자들의 혼혈이다. 지역적으로는 상파울루 지역에 사는 사람들을 말하는데, 그래서 '상파울루 사람'이라는 뜻에서 파울리스타(paulista)라고도 불린다. 이들은 정식 군대라기보다 원주민을 잡아서 거래하는 노예 판매상과 유사하였다.

1

토르데시야스 조약과
파라과이 지방의 형성

1) 페드로 데 멘도사와 아순시온 건설

파라과이 지방의 기원은 1537년 본국에서 파견된 페드로 데 멘도사(Pedro de Mendoza, 이하 멘도사)의 정복대가 부에노스아이레스와 아순시온을 세우면서 시작되었다. 앞 장에서 언급했듯이 부에노스아이레스는 원주민의 공격을 받아 유명무실해졌고[31], 정복자들의 실질적인 근거지는 현재의 파라과이 수도인 아순시온(Asunción)이 되었다. 이때부터 아순시온은 리오 데 라 플라타(Río de la Plata) 유역과 브라질 경계에 이르는 지역을 모두 포괄하는 중심도시로서 성장하였다.

---

31) 현재 아르헨티나의 수도인 부에노스아이레스는 1580년에 아순시온에서 보낸 정복자들에 의해 다시 설립 된 것이다.

[지도 4-1] 토르데시야스 조약과 페드로 멘도사의 영토[32]

스페인 왕실은 몇몇 탐험가들이 다녀간 아메리카 대륙의 마지막 '미지의 세계'인 남미 남부지역, 즉 리오 데 라 플라 강 유역에 새로운 도시와 정복지 건설이 필요했다. 본국에서는 그 적임자로 멘도사를 지명하였고, 그는 토르데시야스 선을 경계로 서쪽 지역에 대한 지배권을 왕실로부터 위임받고 파견되었다.

1494년에 체결된 토르데시야스 조약[33]은 아메리카 대륙의 포르투

---

32) 출처: Kleinpenning 2011, Paraguay 1515-1870, pp. 30의 지도를 재작업 한 것이다.

33) 토르데시야스 선은 토르데시야스 조약(Tratado de Tordesillas)에 의해 1494년에 체결된 교황이 정한 통치 경계이다. 이 통치 경계는 스페인과 포르투갈 세력을 중재하기 위한 것이었다. 스페인과 포르투갈의 관할 영역은 세네갈 서쪽에 위치한 까보 베르데 제도에서 대서양 서쪽의 370 레구아 지점에 북극과 남극으로 그은 직선을 경계로 구분하였다(최영수 2006: 347). 이 선이

갈령과 스페인령을 구분하는 근거가 되었다. 리오 데 라 플라타(Río de la Plata) 유역을 탐험한 후안 디아즈 데 솔리스(Juan Díaz de Solís)와 지금의 파라과이 내륙을 탐험한 알레호 가르시아(Alejo García), 파라나강을 탐험한 세바스티안 가보토(Sebastían Gaboto) 등 리오 데 라 플라타 유역과 파라과이 인근 지역을 탐험한 초기 정복자들은 스페인에서 출발하여 산타 카탈리나(Santa Catarina)를 새로운 땅의 첫 도착지로 삼고 내륙으로 침투하였다(Chaves 1969: 21~60). 산타 카탈리나는 상파울루에서 서남쪽으로 약간 떨어진 곳으로서 토르데시야스 조약에 의해 체결된 경계선이 그리 멀지 않은 곳이다. 초기 스페인계 정복자들이 지금의 브라질 영토인 산타 카탈리나를 거점으로 탐험한 것은 토르데시야스 조약이 양국의 경계 규정에서 실효성이 있었음을 증명한다. 이러한 토르데시야스 조약은 식민시기 브라질과 파라과이 지방의 경계를 의미하기도 하였다.

멘도사를 비롯한 스페인 정복자들은 스페인과 포르투갈 사이에 체결된 토르데시야스 조약에서 정한 경계 부근까지 영토를 확장하였다. 남쪽으로는 대서양과 서쪽으로는 피사로(Pizzaro)와 알마그로(almagro)가 점령한 안데스까지 확장하였다. 알마그로의 영토는 멘도사와 비슷한 시기에 서로의 구역을 정하였다. 알마그로의 남쪽 영토와 멘도사의 서쪽 구역은 태평양에서 200 레구아 떨어진 지점이었다(Kleinpenning 2011: 29). 이 경계의 남쪽은 리오 네그로와 멀리 않았다. 마찬가지로 마추카 마르티네스(Machuca Martinez)에 의하면, 티에라 델 푸에고(Tierra del Fuego)를 포함한 남미남부지

지나가는 지점은 현재 브라질 산타 카탈리나의 주도인 플로리아노 폴리스와 상파울루 사이이다. 이 선을 경계로 동쪽 편은 포르투갈이, 서쪽 편은 스페인이 영유권을 가졌다.

역의 영토를 멘도사가 장악하였다. 북쪽 경계는 꽤 광활하였는데, 베네수엘라와 가이아나, 적도 부근과 아마존 유역, 카리브 해안까지 확장하였다(Kleinpenning 2011: 29).

멘도사가 탐험한 지역은 광대했지만, 누에바 에스파냐와 페루 부왕령에 비하면 자원이나 접근성 모든 면에서 열악하였다. 게다가 포르투갈계 정복자들과 마주하는 전선(戰線)이라는 점에서 스페인계 정복자들에게는 오지와도 같은 곳이었다. 멘도사는 오랜 여정 가운데 병을 얻어 고국으로 돌아갔다. 고국으로 가는 길에 대양에서 죽게 된다. 그 뒤를 도밍고 마르티네스 이랄라(Domingo Martínez Irala, 이하 이랄라)가 지배권을 이어받게 된다.

2) 초기 파라과이 지방의 형성

식민초기에는 리오 데 라 플라타 지역과 파라과이 지방의 구분이 명확하게 존재하지 않았다. 본국에서 파견되는 정복자들은 리오 데 라 플라타 지역 파견 정복대로 명명했다. 정복자가 도착 후 아순시온을 위시한 파라과이 지방은 리오 데 라 플라타의 중심지로 떠올랐다. 그 결과로 리오 데 라 플라타와 파라과이 지방은 동일시되었다. 당시 리오 데 라 플라타 지역에 파견된 정복자들의 직책을 보면, 리오 데 라 플라타와 파라과이의 총독(Gobernador del Río de la Plata y del Paraguay)으로 표시된다. 예를 들어 멘도사는 리오 데 라 플라타 1차 정복대장이면서 제 1대 리오 데 라 플라타와 파라과이의 총독으로 임명되었다.

리오 데 라 플라타에 파견된 정복자들은 광활한 지역을 아순시온 하나로만 다스리기에 한계가 있었다. 스페인에서 파견된 정복대는 리오 데 라 플라타 지역 곳곳에 도시를 건설할 계획을 세웠다. 아순시온에 거점을 둔 정복자들은 리오 데 라 플라타 지역의 곳곳의 실질적인 지배권을 확보하기 위해 추가로 도시를 건설하였다. 이에 멘도사로 부터 권한을 이양 받은 이랄라는 아순시온을 중심으로 리오 데 라 플라타 지역 곳곳에 도시 건설을 위한 정복대를 파견하였다.

그 첫 번째 지역은 과이라 지역[34])으로써 파라나 강과 산타 카탈리나 사이에 있으며 현재의 브라질 파라나 주와 거의 일치한다. 이곳은 스페인 정복자들이 라 플라타 강을 탐험하기 이전에 대서양 연안으로부터 리오 데 라 플라타 내륙 지역, 즉 파라과이 지방을 향하는 교통로이면서 포르투갈 세력과 경계를 마주하고 있는 전략적 요충지였다. 아순시온을 거점으로 스페인 정복자들은 16세기 초부터 그들의 영역을 확장하였다.

---

34) 이곳은 현재 브라질의 파라나(Paraná) 주와 거의 일치한다.

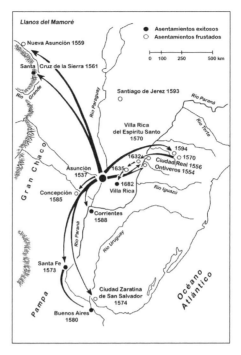

[지도 4-2] 리오 데 라 플라티 지역의 도시 건설 과정[35]

　　[지도 4-2]는 리오 데 라 플라타 지역의 중심도시인 아순시온을 기점으로 북쪽과 동쪽, 남쪽에 건설된 도시들을 보여주고 있다. 검은 점은 도시 건설이 성공한 곳이고, 흰 점은 도시 건설에 실패한 곳이다. 앞서 언급했듯이 부에노스아이레스는 원주민의 공격으로 처음에 건설된 도시가 파괴되어 1580년에 느지막이 재건설되었다. 아순시온에서 도시 개척에서 가장 공을 들인 지역은 과이라 지역이다. 지도상에 온티베로스(1554)와 시우닫 레알(1556), 비야리카 에스피리투 델 산토(1570)가 있는 지역을 말한다. 아순시온의 정복자

---

35) 출처: Kleinpenning 2011, Paraguay 1515-1870, pp 78의 지도를 재작업 한 것이다.

들은 대서양으로 나갈 수 있는 길목을 개척할 명분으로 이 세 도시36) 건설을 위한 대장정에 나섰다.

이 길을 선호한 것은 기존의 탐험가들이 닦아 놓은 길목으로써 원주민들이 정복자들에게 호의적이었기 때문이다. 이를 반증하듯 비야리카를 건설한 지역은 원주민 추장으로부터 금이 많이 나오는 지역이라는 얘기를 듣고 건설한 것이다. 더불어 라플라타강 유역을 탐험에서 배재한 것은 원주민의 거센 저항에 부딪혀 부에노스아이레스 건설에 실패한 트라우마도 한 몫 했다.

과이라 지역에 도시를 건설하는 것은 대서양으로 가는 통로 건설과 함께 다른 이유도 있었다. 과이라 지역은 포르투갈계 정복자들과 맞닿은 지역이었다. 이 지역은 리오 데 라 플라타의 중심도시인 아순시온의 입장에서 지리적으로 중요했지만, 포르투갈계 정복자와의 충돌을 우려한 스페인계 정복자들은 파견을 선호하지 않는 지역이었다. 이런 이유로 과이라 지역을 개척할 정복자들은 아순시온에서의 권력 싸움에 패한 집단이 파견되었다. 실제로 이랄라는 내부 갈등을 없애기 위해 카베사 데 바카 일행을 과이라 지역으로 보냈다.

제 1대 총독인 멘도사 사후 그 권한은 이랄라가 넘겨받았다. 제 2대 총독이 된 이랄라와 그를 추종하는 세력들은 이랄리스타 (Iralista)라 불렸다. 스페인 왕실은 이랄라가 본국에서 임명한 것이 아니기에 새로운 총독인 알바 누녜스 카베사 데 바카(Alvar Nuñez Cabaza de Vaca, 이하 카베사 데 바카) 파견하였다. 2차 정복대인 카베사 데 바카 세력은 알바니스타(Alvanista)로 불렸다.

---

36) 이 세 도시는 건설에 성공하였으나 추후 포르투갈계 정복자들의 침입으로 없어진다. 유일하게 비야리카만 6번 도시를 옮긴 끝에 현재 파라과이 과이라주(Departamento de Guairá)에 다시 정착하였다.

스페인 왕실은 멘도사가 죽은 후 이랄라가 본국의 통제에서 벗어날 것을 우려하여 카베사 데 바카에게 리오 데 라 플라타와 아순시온을 다스릴 권한을 주고 2차 정복대를 꾸리도록 하였다. 카베사 데 바카는 아순시온에 도착한 후, 스페인 왕실의 권한으로 이랄라로 부터 곧바로 통치권을 위임받고 곧바로 제 3대 총독으로 취임하였다.

이를 예상치 못한 이랄리스타는 불만에 가득 차 있었다. 그들은 아순시온이 스페인 본국에서 가장 멀고 오지에 해당하는 곳이라 본국에서 정복대를 다시 파견할 것이라고 상상하지지 못했다. 이랄리스타는 아순시온과 리오 데 라 플라타를 본국의 영향 받지 않는 그들만의 '세상'으로 만들려고 했다. 이러한 움직임을 눈치 챈 본국은 카베사 데 바카를 파견한 것이었다. 그 결과로 2차 정복대를 대표하는 알바니스타와 1차 정복대 출신인 이랄리스타가 갈등하게 되었다. 결국 이랄리스타는 총독인 카베사 데 바카를 상대로 반란을 일으켰고 승리를 거두었다.

알바니스타는 패했지만, 이들은 여전히 스페인 왕실로부터 권한 위임 받고 왔기 때문에 이랄라가 모두 처형하거나 죽일 수 없었다. 대신에 이들을 멀리 보낼 계획을 세웠다. 이랄리스타들은 포르투갈 세력으로부터 과이라 지역의 원주민들을 보호하고, 대서양으로 나가는 길목을 만든다는 명분(Cardozo 1970: 45)으로 알바니스타를 과이라 지방으로 파견하였다. 그러나 이랄리스타의 실제 목적은 알바니스타를 아순시온에서 멀리 떨어진 변방으로 쫓아내 또 다른 반란의 위험을 사전에 차단하고 자신들의 권력을 공고하게 다지기 위함이었다.

알바니스타들이 과이라 지역을 개척하는 사이, 아순시온에서는 라 플라타 강 유역의 북쪽과 남쪽으로 정복자를 파견하여 도시를 건설하기 시작하였다. 이 시기에 건설된 도시들은 북쪽으로 누에바 아순시온(1559), 산타 크루즈 데 라 시에라(1561), 산타 페(1573), 부에노스아이레스(1580년)와 콘셉시온 델 베르메호(1584년), 코리엔테스(1588년), 산티아고 데 제레스(1595) 등이 있다. 이 시기에야 비로소 리오 데 라 플라타는 도시 건설을 통해 북쪽으로 볼리비아와 남쪽으로 아르헨티나, 동쪽으로 브라질에 이르기까지 광활한 지역을 통치할 수 있는 기반을 구축하였다.

16세기 초 예수회 선교사로 머물렀던 테초(Techo)에 의하면, 파라과이 지방의 영역은 브라질과 페루의 경계에서 라 플라타강과 대서양 연안까지 이르렀다고 밝히고 있다(Techo 2005: 44). 역사학자인 카르도소(Cardozo)는 이 시기의 파라과이 지방 영역이 동쪽으로 토르데시야스 선(línea de Tordesillas)과 대서양까지이며, 서쪽으로는 안데스 산맥과 태평양까지 도달했다고 언급하고 있다(Cardozo 1996: 17).

파라과이 지방의 면적은 포르투갈이 지배한 영역 보다 더 넓은 지역을 차지하고 있었으며, 광대한 식민 지방이라는 의미로서 '인디아스의 거대한 지방(Provincia Gigante de Indias)'으로 불렸다(Brezzo 2005: 29). 당시에 인디아스는 아메리카 대륙을 일컫는 말이었다. 아메리카 대륙으로 불린 것은 훨씬 후대의 일이다. 즉 '인디아스의 거대한 지방'은 아메리카 대륙에 있는 큰 지방이라는 뜻이다. 당시 파라과이 지방의 크기와 규모는 당시의 유럽에서 발간된 지도에서도 잘 드러난다.

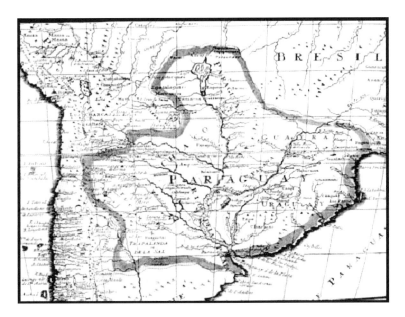

[지도 4-3] 파라과이 지방의 영토[37)]

[지도 4-3]은 파라과이 지방이 리오 데 라 플라타 강과 파라과이 강, 파라나 강 유역과 차코 지방까지 모두 포함하고 있다. 이 지도는 1694년 파리에서 제작된 남미지도로서 17세기 파라과이 지방에 대한 유럽인의 인식이 잘 드러나 있다. 지도에서 나타난 파라과이 지방의 범위는 테초의 주장과 유사하게 북동쪽의 페루와 브라질을 경계로 리오 데 라 플라타 유역과 대서양 연안을 포괄하고 있다. 다만, 전반적으로 토르데시야스 조약 체결 당시보다 17세기에 접어들면서 파라과이 지방의 영역이 포르투갈계 정복자들의 영향을 받아 축소되었다. 파라과이 지방과 접한 브라질의 서남쪽 경계가 예

---

37) 출처: https://www.pinterest.co.kr/pin/382524562078691725/(검색일 2020.6.18)

전보다 서쪽으로 들어온 것을 볼 수 있다.

또한 멘도사가 장악했던 지역에 비해 지금의 부에노스아이레스 남쪽 지방은 파라과이 지방에서 빠져있다. 하지만 여전히 파라과이 지방은 남미에서 큰 영역을 차지하고 있다. 특히 이 지도를 통해 보면, 당시 유럽이 파라과이 지방을 리오 데 라 플라타의 중심으로 묘사하고 있다. 대서양 앞바다의 이름이 파라과이 바다로 표현된 것만 봐도 리오 데 라 플라타의 중심지는 파라과이 지방임을 알 수 있다.

2

포르투갈계 정복자의 세력 확장과
파라과이 지방의 분할

1) 포르투갈 정복자의 침입과 과이라 지방의 건설

파라과이 지방은 스페인령에 속하는 과라니들을 포르투갈계 정복자들로부터 보호하기 위해 새로운 도시 건설을 추진하였다. 앞서 언급한 대로 알바니스타들은 권력 싸움에서 패해 아순시온을 떠나 브라질 국경 쪽으로 원정을 떠났다. 그 첫 번째 원정대는 가르시아 로드리게스 데 베가라(Garcia Rodríguez de Vegara)를 대장으로 하였다. 그는 아순시온에서 떠난 후인 1554년에 파라나강 상류지역에 도착하여 온티베로스(Ontiveros)를 건설하였다. 이곳은 지금의 살토 데 과이라(Salto de Guairá)에서 북쪽으로 30km 정도 떨어진 곳이었다.

그러나 온티베로스는 여러 문제를 안고 있다. 그 중 하나가 원정대 정복자들이 사이에서 엔코미엔다(encomienda)를 정하는 것에 대한 불만이 생겼다. 온티베로스의 정복자들은 당시 파라과이 지방의 총독인 이랄라의 지시로 엔코미엔다를 분배하였으나, 많은 정복자가 엔코미엔다를 제대로 지급받지 못해 불만이 고조되었다. 다른 문제는 온티베로스가 대서양으로 향하는 거점도시로서 위치가 적절하지 못했다는 점이다.

이에 파라과이 지방에서는 루이 디아스 멜가레호(Ruy Díaz Melgarejo, 이하 멜가레호)를 대장으로 한 정복대를 꾸려 다른 도시 건설을 계획하게 된다. 멜가레호는 1556년 온티베로스에 거주하던 정복자들과 함께 온티베로스에서 북쪽으로 15km 떨어진 곳에 60명의 원주민과 함께 시우닫 레알(Ciudad Real)이라는 이름의 도시를 건설하였다(Cardozo 1996: 172). 그러나 시우닫 레알은 지리적 위치가 스페인령과 포르투갈령의 경계 지점으로부터 거리가 너무 멀어서 스페인 영토내의 상인과 원주민을 보호하기에 한계가 있었다.

또한 당시 파라과이 지방의 통치자였던 후안 데 가라이(Juan de Garay)가 포르투갈령 가까운 지역에 새로운 도시를 건설하기 위해 시우닫 레알에 있던 루이 디아스 멜가레호와 40명의 스페인계 정복자를 다시 동쪽으로 파견하였다. 루이 디아스 멜가레호는 시우닫 레알의 주민과 과이라 지방에 있던 원주민들의 의견을 수렴하여 1570년 파라나강에서 동쪽으로 330km 떨어진 곳에 비야리카 델 에스피리투 산토(Villarrica del Espíritu Santo, 이하 비야리카)를 건설하였다. 정복자들은 도시를 세운 후 이름을 비야리카(Villarrica)로 명명하였다(Cardozo, 1939:50). 이때부터 비야리카는 시우닫 레알의 정복자들과 그 주변 지역에 있던 원주민이 합치게 되면서 이 지역의 중심도시로 성장하였다. 파라과이 정부는 비야리카를 중심으로 한 이 지역을 과이라 지방으로 명명하였다. 과이라 지방은 파라과이 지방에 속했지만 변방이라는 이유로 아순시온의 정복자들로부터 거의 다른 지역으로 인식되었다.

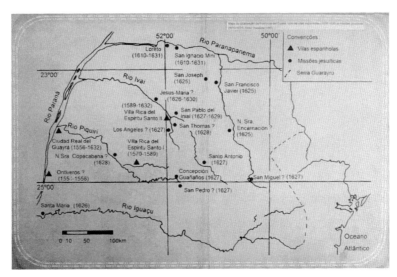

[지도 4-4] 과이라 지방의 도시와 레둑시온(출처: 저자 촬영)[38]

　　과이라 지방은 스페인 정복자들이 세운 도시들과 예수회가 만든 마을 공동체인 레둑시온(reducción)[39]으로 구성되어있다. 레둑시온은 지도에서 원형으로 표시된 부분으로 총 14개이다. 세모로 표시된 지역은 스페인 정복자들이 세운 도시들이다. 스페인 정복자들이 세운 도시들은 온티베로스와 시우닫 레알과 비야리카 등이며, 이들 도시들은 추후에 비야리카로 모두 통합된다.

　　과이라 지방은 포르투갈 세력과 접해있어 그들의 침입으로부터 자유로울 수 없었다. 이 당시 포르투갈계 정복자들은 플랜테이션 농장과 광산에서 일할 노동력이 항상 부족하였다. 이에 과이라 지

---

38) 이 지도는 저자가 브라질 쿠리치바(Curitiba)의 파라나엔세 박물관(Museu Paranaense)에서 2017년에 촬영한 것이다.

39) 레둑시온은 예수회가 과라니를 비롯한 원주민들을 선교하기 위해 만든 일종의 마을 공동체이다. 마을 안에는 농장과 교회, 학교, 거주지, 공동묘지 등 자족적인 생활이 가능한 시설들을 갖추고 있었다.

방의 도시와 레둑시온에 있는 과라니들은 그들의 좋은 '사냥감'이 되었다. 특히 과이라 지방에는 비야리카를 포함한 인근 지역에 예수회에서 설립한 13개의 레둑시온이 있어 반데이란테스들이 노리는 원주민들이 많이 거주하고 있었다.

과이라 지방의 정복자였던 루이 디아스 구즈만(Ruy Días Guzman)은 1612년에 파라과이와 리오 데 라 플라타의 정복 역사에 관해 서술한 "라 아르헨티나(La Argentina)"에서 비야리카 인근에만 200,000만 명의 원주민이 존재했다고 밝히고 있다(Cardozo 1970: 17). 그 중에 레둑시온에 거주하는 원주민은 약 8만 5천명으로 추산하였다. 과이라 지방은 원주민 노동력의 보고였기 때문에 포르투갈계 정복자들이 호시탐탐 원주민을 잡아가기 위해 노력하였다. 반데이란테스는 과이라 지방을 수시로 넘나들면서 과라니와 원주민들을 잡아갔다. 이러한 상황이 지속되면서 과이라 지방의 세 도시 중에서 상파울루와 가장 근접한 곳에 위치했던 비야리카는 반데이란테스의 공격을 피해 도시를 옮기게 된다. 반데이란테스들이 노리는 것은 과이라 지방의 영토가 아니라 원주민 노동력이었기 때문에 피난하던 도시를 계속 추격하였다.

[지도 4-5] 비야리카의 이동 과정[40]

[지도 4-5]는 비야리카가 반데이란테스들의 침입을 피해 도시가 이동한 과정을 나타낸 것이다. 비야리카를 처음 세운 장소는 지금의 쿠리치바에 해당하는 브라질에 세웠다. 비야리카는 1592년 반데이란테스의 공격으로 시우닫 레알을 비롯한 다른 도시의 주민들과 함께 서쪽으로 6번이나 이주하였고, 1701년 지금의 장소에 마지막으로 정착하였다(Cardozo, 1970: 128~187). 비야리카는 쿠리치바에서 부터 현재의 장소까지 총 7번 도시를 건설하였다.

마지막 정착지는 현재 파라과이 남쪽 중앙에 위치하고 있으며, 아순시온에서 174km 떨어진 곳이다. 도시의 주민들과 더불어 예수회의 레둑시온도 현재의 파라과이 남부지역과 아르헨티나, 우루과이로 옮기게 된다. 과이라 지방은 반데이란테스의 침입에 속수무책으로 당하였고, 포르투갈 세력인 브라질의 영토로 넘어가게 되었다.

40) 출처: http://ciudaddevillarrica.blogspot.com/2017/09/historia-de-la-ciudad-de-villarrica.html(검색일 2020.05.10.)

이를 계기로 파라과이 지방은 지금의 파라나 주 지역을 제외한 지역으로 축소되었다. 반면에 포르투갈 세력은 산타 카탈리나와 파라나 강 동쪽의 내륙 지역을 장악함으로서 대서양 연안을 통해 라 플라타 강으로 진출할 수 있는 기회를 마련하게 되었다.

2) 파라과이 지방의 분할

페드로 멘도사가 리오 데 라 플라타에 도착한 이후 아순시온을 중심으로 한 파라과이 지방이 리오 데 라 플라타를 대표하였다. 한동안 리오 데 라 플라타는 파라과이 지방과 동일시되었다. 15세기 중반 이후부터 리오 데 라 플라타 지역은 도시 건설 등으로 식민사회가 성장하면서 스페인 왕실에 의해 행정체계 정비의 필요성이 제기되었다. 행정체계는 부왕령과 그 아래에 해당되는 지방 정부인 고베르나시온(gobernación)으로 구성되었다. 페루 부왕령(Virreinato del Perú)은 1544년에 형성되었고, 그 주변에는 지방정부들이 설립되었다. 식민지 행정구역들이 분리되면서 과거 '인디아스의 거대한 지방'라 불린 파라과이 지방은 그 영토가 점차 축소되었다. 한때, '인디아스의 거대한 지방'에 속했던 곳이 산타크루스 지방정부(Gobernación de Santa Cruz) 등으로 분리되었다.

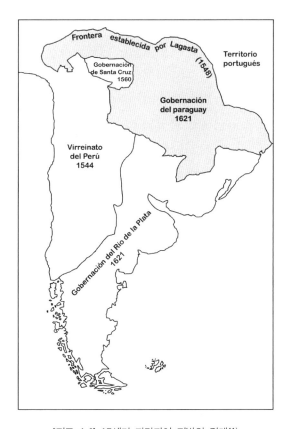

[지도 4-6] 17세기 파라과이 지방의 경계[41]

    1621년에는 '인디아스의 거대한 지방'에서 중요한 지역이었던 리오 데 라 플라타 지역이 모두 분리되었다. [지도 4-6]에서 보듯이 1621년에 파라과이 지방은 리오 데 라 플라타 지방과 파라과이 지방으로 나뉘게 된다. 이렇게 영토가 분할 된 것은 1617년에 이뤄진 스페인 왕실의 칙령에 따른 것이었다.

---

41) 출처: Kleinpenning 2011, Paraguay 1515-1870, pp 32.의 지도를 재작업 한 것이다.

브라질에 인접한 과이라 지방은 파라과이 지방의 문제꺼리였다. 포르투갈계 정복자들인 반데이란테스는 과이라 지방을 수시로 침범하였다. 1607년 파라과이 지방의 총독인 에르난다리아스(Hernandarias)는 파라과이 지방의 중심지인 아순시온에서 과이라 지방이 너무 멀리 떨어져 있어 반데이란테스들이 침입할 때 마다 제 때 지원을 갈 수가 없었다. 이에 총독은 스페인 왕실에 파라과이 지방에서 과이라 지방을 별도로 분리해 줄 것을 간청하였다(Lafuentes 1943: 47). 행정적으로 과이라 지방이 따로 분리가 되면 독자적인 군대를 운용 할 수 있어 포르투갈계 정복자들을 방어하기에 유리했기 때문이다.

스페인 왕실은 아순시온 총독의 의견을 들은 후 페루 부왕에게 두 지역의 분리에 관한 정보를 요청하였고, 이에 당시 페루 부왕이었던 후안 데 멘도사 이 루나(Juan de Mendoza y Luna)는 "새로운 정부를 만드는 것은 아주 적합하다고 판단되나 약간의 심사숙고를 거쳐야 합니다. 과이라의 세 개의 도시만 하나의 정부로 남는 것 보다는 아순시온과 합하는 것이 낫다고 생각 됩니다"라고 왕에게 조언을 하였다(Sanchez, 1981: 182).

국왕은 페루 부왕의 의견을 받아들여 파라과이 지방을 두 개로 분리하였다.(Báez 1926: 80; Brezzo 2005: 29). 그 중 하나는 리오 데 라 플라타 지방으로 부에노스아이레스와 산타페, 코리엔테스, 콘셉시온 델 베르메호를 포함하였고, 지금의 아르헨티나와 우루과이를 지역에 해당된다. 다른 하나는 파라과이 지방 혹은 과이라 지방으로 불렸으며, 아순시온을 포함한 비야리카와 시우닫 레알, 산티아고 데 제레스 등의 도시를 편입하였다. 파라과이 지방은 리오 데 플라타 강 유역을 넘겨주고 현재 파라과이와 볼리비아 남부, 브라질 파라나 주(Estado do Paraña)에 해당하는 지역만 남게 되었다.

파라과이 역사학자들이 이 시기에 파라과이 지방이 리오 데 라 플라타와 분리되면서 지금까지 파라과이가 영원히 바다를 확보할 수 없는 길을 잃어버렸다고 주장(Cardozo 1996: 193; Estrago 1998: 195)하였다. 즉 파라과이 지방이 두 개의 식민지 행정 체계로 분리된 것은 현재의 국가 경계가 형성되는 데 적지 않은 영향을 주었음을 알 수 있다.

3) 마드리드 조약과 파라과이 지방의 축소

포르투갈계 정복자들은 토르데시야스 조약에서 체결된 영역보다 훨씬 남서쪽으로 그들의 영토를 확장하였다. 이로 인해 18세기에는 스페인과 포르투갈 사이에 새로운 영토 조약이 체결되는데, 첫 번째 조약이 바로 1713년에 체결된 위트레흐트 조약(Tratado de Utrecht)이며 그 다음으로 1750년에 체결된 것이 마드리드 조약(Tratado de Madrid)이다.

두 조약은 포르투갈이 서쪽으로 영토를 확장하는데 중요한 계기를 제공하였다. 반데이란테스는 '노예사냥'을 빌미로 침투하여 그 지역을 장악하였다. 이런 방식으로 반데이란테스는 토르데시야스 선 건너 서쪽 지역인 스페인 관할 구역을 차지하여 그들의 영역을 넓혀갔다. 포르투갈계 정복자들은 북서쪽으로 알토 페루 방향으로 나아갔으며, 남서쪽으로는 리오 데 라 플라타 방향으로 점차 영토를 넓혀갔다. 이로 인해 파라과이 지방은 마드리드 조약 전후로 과이라 지방을 잃고 파라나 강까지 밀려나게 되었고, 지금 브라질의 마토 그로소 델 수르

(Mato Grosso del Sur) 주에 해당되는 지역까지 잃게 되었다.

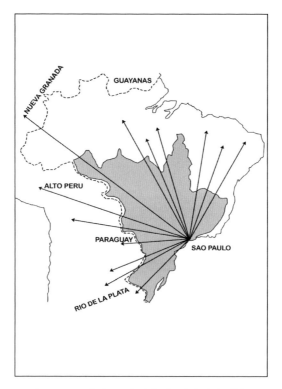

[지도 4-7] 18세기 포르투갈계 정복자의 세력 팽창[42]

[지도 4-7]은 18세기 포르투갈계 정복자인 반데이란테스들의 영
향력을 나타낸 것이다. 점선은 현재의 브라질 영토를 나타낸 것으
로, 검은색으로 표시된 부분은 상파울루를 중심으로 한 포르투갈계
정복자들의 실질적인 지배 권역을 표시한 것이다. 점선은 스페인과

---

42) 이 지도는 Estrago 1998. *Crónica Histórica Ilustrada del Paraguay I*, Buenos Aires: Distribuidora Quevedo의 저서에 수록된 것을 재작업 한 것이다.

포르투갈의 경계를 나타낸 것이다. 양국의 경계는 토르데시야스 조약 당시에 비해 포르투갈계 정복자들이 스페인령 관할 영토로 상당히 많이 침투한 것으로 나타난다.

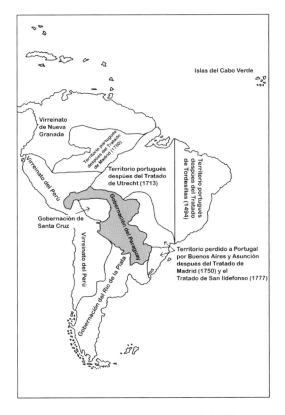

[지도 4-8] 18세기 파라과이 지방의 경계[43]

스페인 왕실은 포르투갈계 정복자들의 지속적인 침입으로 인해

---

43) 출처: Kleinpenning 2011, Paraguay 1515-1870, pp 34의 지도를 재작업 한 것이다.

새로운 조약의 필요했다. 스페인의 우선 목표는 포르투갈이 더 이상의 스페인 영역으로 넘어오지 못하게 막는 것이었다, 하지만 포르투갈 정복자들은 플랜테이션 농장에 필요한 과라니 노동력을 포기 할 수 없었다. 영토와 과라니 문제는 두 국가의 이익이 첨예하게 부딪히는 부분이었다.

결국 스페인 왕실은 향후 포르투갈 세력이 라 플라타 강 유역까지도 차지할 수 있다는 생각에 사로잡혔고 그 대안으로 양측이 만족할 수 있는 방안을 찾는 데 몰두하였다. 그 과정에서 도출된 것이 마드리드 조약이다.

마드리드 조약은 교환 조약(Tratado de Permuta)이라고도 불린다. 스페인과 포르투갈은 상호 필요한 것을 충족하기 위해 양측이 서로 주고받을 것에 대한 '교환'에 합의했다. 스페인은 라 플라타 강 하구에 세운 포르투갈 요새인 콜로니아 델 사크라멘토(Colonia del Sacramento)를 돌려받는 대신에 반다 오리엔탈(Banda Oriental)[44]지역 북동쪽의 알토 우루과이(Alto Uruguay) 지역을 내주기로 하였다.

스페인의 입장에서는 라 플라타 강 입구에 요새를 차린 포르투갈이 눈에 가시와도 같았다. 라 플라타 강은 부에노스아이레스를 비롯한 아순시온 등의 주요 도시와 연결되어 있어 스페인 입장에서 전략적 요충지와도 같은 곳이었다. 이에 스페인으로써는 그 지역까지 밀고 들어온 포르투갈 정복자들이 언제든지 리오 데 라 플라타 지역을 노릴 수 있겠다는 두려움이 잠재하고 있었다.

다만 알토 우루과이 지역을 포르투갈 쪽에 넘기는데 걸림돌이 하

---

44) 반다 오리엔탈은 현재 우루과이 영토와 거의 일치한다.

나 있었다. 그것은 그 지역에 살고 있던 예수회와 과라니들의 반대였다. 그곳이 포르투갈의 손으로 넘어가는 순간 과라니들은 노예 신세로 전락하게 될 위험이 있었기 때문이다. 예수회와 과라니들의 필사적인 반대에도 불구하고 알토 우루과이 지역은 마드리드 조약을 통해 포르투갈계 정복자들의 손에 넘어가게 되었다.

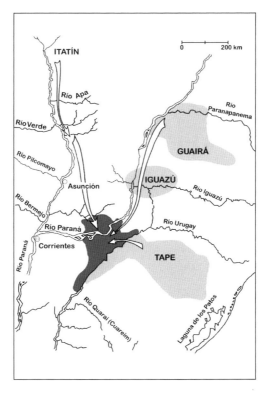

[지도 4-9] 과라니 마을과 레둑시온의 이동[45]

45) 출처: Kleinpenning 2011, Paraguay 1515-1870, pp 118의 지도를 재작업 한 것이다.

당시에 지금의 우루과이 북동쪽 지역인 알토 우루과이(지도에서는 Tape)에 있던 과라니들의 상당수가 파라과이 지방으로 피난을 떠났다. 그러나 여전히 많은 수의 과라니들이 새로운 장소를 찾아 떠나지 못해 그 지역에 남아있었다. 알토 우루과이에 남은 예수회와 과라니들은 스페인과 포르투갈의 결정에 반발하였고, 결국은 전쟁을 결심하게 된다. 이렇게 발발한 전쟁이 바로 '과라니 전쟁(guerra guaranítica)'으로 영화 미션(Misson)의 역사적 배경이기도 하다.

그 이후에 알토 우루과이는 여러 번 주인이 바뀌게 된다. 스페인 왕실의 번복으로 다시 콜로니아 델 사크라멘토가 포르투갈에 귀속되고 알토 우루과이가 스페인 영토에 편입되었다. 그 후 다시 알토 우루과이가 포르투갈에 편입되는 등 우여곡절을 겪다가 결국에는 포르투갈, 즉 브라질 영토가 된다. 이를 계기로 지금의 브라질과 우루과이의 경계가 어느 정도 획정되었다.

결과적으로 파라과이 지방은 거대했던 땅을 거의 다 잃고 현재의 파라과이와 유사한 크기로 변화하게 된다. [지도 4-8]에 보이는 브라질 서남부 지역의 국가 경계는 지금의 파라과이, 브라질 국경과 큰 차이가 없다. 특히 당시의 파라과이 지방의 경계는 현재의 국경과 매우 유사하다. 포르투갈 세력의 침입 후에 재편된 파라과이 지방 경계는 현재 파라과이 국경의 토대가 되었음을 알 수 있다.

<u>3</u>

리오 데 라 플라타 부왕령과
파라과이 국경 형성

1) 리오 데 라 플라타 부왕령과 부에노스아이레스의 성장

스페인 왕실은 포르투갈과의 영토 쟁탈전을 벌이면서 리오 데 라 플라타 지역에 대한 중요성을 실감하게 된다. 스페인은 리오 데 라 플라타를 페루 부왕령에서 분리시켜 새로운 부왕령으로 승격시키고자 하였다. 그 결과로 1776년 지금의 아르헨티나와 우루과이, 파라과이, 볼리비아에 해당되는 지역에 리오 데 라 플라타 부왕령(Virreinato del Río de la Plata)이 설치되었다. 리오 데 라 플라타 부왕령은 누에바 에스파냐 부왕령과 페루 부왕령, 누에바 그라나다에 이어 라틴아메리카에 설치된 4번째 부왕령이 되었다. 리오 데 라 플라타 지역은 오랜 기간 페루 부왕령 아래에 있었다.

이 지역을 페루 부왕령에서 따로 분리하여 부왕령으로 격상 시킨 이유는 남미남부지역의 경제적 중요성이 점점 커졌기 때문이다. 이에 리오 데 라 플라타 지역과 경계를 마주하고 있던 포르투갈 정복자들이 수시로 이 지역을 노리고 있었고, 당시 신흥 강국인 영국을 비롯한 유럽의 국가들도 이 지역을 눈여겨보고 있었다. 스페인 왕실로써는 리오 데 라 플라타 자체의 중요성 뿐 아니라 외부 세력의 침투를 막기 위해서 이 지역에 대한 부왕령 승격이 필요했다.

리오 데 라 플라타 지역은 금과 은이 없어서 식민지 초기에 본국으로부터 그다지 주목 받지 못했다. 그러나 18세기에 접어들면서 리오 데 라 플라타 지역의 주요 자원인 목재와 마테차 등이 본격적으로 유럽으로 수출되었고, 이에 스페인 왕실은 리오 데 라 플라타 지역의 경제적 가치에 주목하게 된다. 이 시기를 즈음하여 부에노스아이레스는 광활한 남미남부지역의 자원을 유럽으로 운반할 수 있는 교통 요지로써 성장하였다. 이에 스페인 왕실은 라틴아메리카의 각 지역에서 독립의 기운이 감돌던 18세기 말에 부랴부랴 리오 데 라 플라타 지역을 부왕령으로 승격시킨다.

리오 데 라 플라타 부왕령 수립 후, 부에노스아이레스는 부왕령의 중심지로 성장하였다. 이 과정에서 파라과이 지방은 '옛 영광'을 부에노스아이레스에 뺏기게 되면서 위기감에 휩싸였다. 파라과이 지방은 16세기부터 정복자들의 후손인 크리오요들이 터전을 자리 잡고 있었던 반면에, 부에노스아이레스는 스페인 왕실의 명을 받은 본국 출신의 관리들이 장악하면서 아순시온과의 관계가 좋을 수 없었다.

파라과이 지방은 리오 데 라 플라타에서 변방으로 인식되었다. 이것은 격세지감이었는데, 한때 리오 데 라 플라타의 중심지였던 아순시온이 부에노스아이레스에 완전 밀려버린 것이었다. 부에노스아이레스는 리오 데 라 플라타 부왕령의 수도가 되었다.

그리고 리오 데 라 플라타 부왕령은 지방 정부들의 행정 체계를 재편하였다. 기존의 지방정부는 모두 고베르나시온이었으나, 여기에 인텐덴시아를 추가하였다. 행정 체계상 같은 지방정부지만, 인텐덴시아가 고베르나시온보다 중요도 면에서 높다고 할 수 있다.

그래서 리오 데 라 플라타 부왕령의 중심지인 부에노스아이레스도 인텐덴시아로 바뀌었다. 파라과이 지방도 고베르나시온에서 인텐덴시아로 재편되었다. 다만 파라과이 지방이 인텐덴시아로 바뀌면서 기존에 관리하던 영토들은 새롭게 생긴 주변의 인텐덴시아와 고베르나시온의 소관으로 넘어가게 되었다. 실제로는 파라과이 지방의 영역이 줄어들었다.

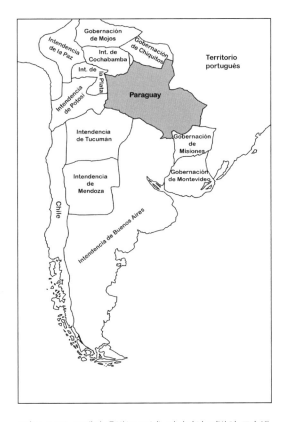

[지도 4-10] 18세기 후반(1782년) 파라과이 지방의 모습[46)

[지도 4-10]은 부왕령으로 승격된 후 리오 데 라 플라타의 행정 체제의 변화를 보여주고 있다. 리오 데 라 플라타 부왕령 내의 지역은 총 8개의 인텐덴시아(intendencia)와 4개의 고베르나시온(gobernación)으로 재편되었다. 8개의 인텐덴시아는 부에노스아이레스와 투쿠만(Tucumán), 멘도사(Mendoza), 포토시(Potosi), 라파스(La Paz), 차르카스(Charcas), 코차밤바(Cochabamba), 마지막으로 파라과이가 있다. 4개의 고베르나시온은 몬테비데오(Montevideo)와 미시오네스(Misiones), 치키토스(Chiquitos), 모호스(Mojos)이다. 결과적으로 리오 데 라 플라타 부왕령은 총 14개의 지방정부로 분할되었다.

지도를 보면, 파라과이 지방의 면적이 이전보다 확연하게 줄어든 것을 알 수 있는데 인텐덴시아가되면서 고베르나시온 때 보다 다스리는 면적이 축소되었다. 파라과이 지방의 북서쪽은 코차밤바와 라파스 인텐덴시아로 넘어갔으며, 파라과이의 남쪽은 미시오네스 고베르나시온으로 분리되었다. 고베르나시온이 된 미시오네스에는 30개의 예수회 레둑시온이 포함되었다. 미시오네스를 행정적으로 따로 분리한 것은 레둑시온을 관리하던 예수회가 본국과의 갈등으로 1768년 라틴아메리카에서 축출되면서 스페인 왕실에서 직속으로 관리하고자 했기 때문이다.

예수회는 라틴아메리카에 들어온 이후로 다른 가톨릭 종파와 달리 지속적으로 본국과 갈등 관계를 유지하였다. 예수회의 원주민 공동체인 레둑시온은 자족적인 성격을 지니고 있어서 다른 정복자 혹은 가톨릭교회와 달리 식민 정부에 세금을 내야할 의무를 제대로 이행하지 않았다. 그래서 스페인 왕실은 예수회를 탐탁하게 여기지

---

46) 출처: Kleinpenning 2011, Paraguay 1515-1870, pp 36의 지도를 재작업한 것이다.

않았다. 본국의 입장에서는 예수회가 라틴아메리카 머물수록 이익보다 손해가 되었다. 스페인 왕실은 과라니 노동력을 제대로 활용하지도 못하면서 레둑시온에서 산출되는 소득도 예수회나 과라니의 몫으로 돌아갔기 때문에 지속적으로 불만이 쌓였다. 게다가 마드리드 조약 이후 예수회가 스페인 왕실의 명령을 어기고 과라니 전쟁을 일으킨 것도 양자 사이의 관계가 멀어진 결정적인 요인이 되었다.

결국 본국에서는 예수회를 내쫓기로 결정하였고, 라틴아메리카에 있던 모든 예수회들은 철수하였다. 스페인 왕실에서는 예수회가 떠난 후 남은 과라니들을 별로도 관리하기 위해 미시오네스 지방을 새로이 설립하였다. 이로 인해 파라과이 지방의 남쪽 경계가 우루과이 강(Rio uruguay)에서 테비콰리 강(Rio Tebicuary)까지 밀려 올라가게 되었다. 이 당시 파라과이 지방의 남쪽 경계는 현재 파라과이 남쪽 국경인 파라나 강보다 더 위쪽에 위치하게 되었다.

2) 근대국가로써 파라과이의 경계 형성

예수회 축출 이후, 파라과이 인텐덴시아는 파라과이에서 분리되었던 미시오네스 지방을 다시 편입시키기 위해 노력하였다. 예수회가 두고 간 마테차 농장과 과라니 노동력은 파라과이 엔텐덴시아의 정복자들이 욕심을 가질만한 자원이었다. 이에 파라과이 지방의 통치자였던 페드로 멜로 데 포르투갈(Pedro Melo de Portugal)은 1784년에 리오 데 라 플라타의 부왕인 니콜라스 델 캄포(Nicolás del Campo)에게 미시오네스 지방을 파라과이에 편입시킬 줄 것을 요청했다. 그러나 부에노스아이레스 인텐덴시아도 미시오네스 지방의 레둑시온에 관심을 가졌다. 이에 부왕령은 미시오네스 지방의 레둑시온을 각각 파라과이와 부에노스아이레스 인텐덴시아 관할로 나누어 편입시켰다.

그러나 파라과이 인텐덴시아에서 다시 이의를 제기하였고, 1805년 인디아스 전쟁 위원회(Junta de Guerra de Indias)[47])에서 미시오네스 지역의 레둑시온 전부를 파라과이가 직접 관리하도록 지시를 내렸다. 이 같은 결정은 부에노스아이레스보다 아순시온이 미시오네스 지역에 지리적으로 더 인접해 있어 관리에 효율적이었기 때문에 내려진 결정이었다. 이렇게 하여 파라과이 인텐덴시아의 경계는 테비콰리 강에서 우루과이 강으로 다시 확장되었다.

파라과이와 부에노스아이레스는 1621년 리오 데 라 플리타에서 두 지방으로 분리된 과정부터 1776년 리오 데 라 플라타 부왕령 수립 이후의 역학 관계, 그리고 미시오네스 지방의 통치를 둘러싼 갈등 등, 두 지방은 식민시기 동안 지속적으로 긴장 관계에 있었다. 특히 18세기와 19세기 리오 데 라 플라타 부왕령의 설립 이후 파라과이와 아르헨티나 관계는 독립 이후 파라과이의 국경 형성에 많은 영향을 미쳤다(Areces 2007; Pavetti 2008; Telesca 2009; Wigham 2009)

이 같은 과정은 파라과이 지방의 크리오요들이 스페인 왕실과 리오 데 라 플라타로부터 독립의 열망을 키운 요인이기도 하다. 파라과이는 1811년 5월 14일 스페인 왕실과 리오 데 라 플라타 부왕령으로 부터 독립 선언을 하였다. 독립 선언 전후로 파라과이는 리오 데 라 플라타 부왕령을 대표하는 부에노스아이레스 정부로부터 여러 차례 공격을 받았지만, 파라과이 인텐데시아가 다스리던 지역을 지켜냈다.

---

47) 인디아스 전쟁 위원회는 인디아스 회의에 속한 위원회 중의 하나이다.

[지도 4-11] 독립 이후 파라과이의 경계[48]

[지도 4-11]을 보면, 독립 직후 파라과이 영토는 굵은 선으로 연결된 지역이다. 파라과이 국경은 북쪽의 하우루강(Río Jaurú)을 경계로 남쪽의 우루과이강(Río Uruguay)과 파라나강(Río Paraná), 동쪽의 블랑코강(Río Blanco)과 파라나강(Río Paraná), 이과수강 (Río Yguazú), 우루과이강(Río Uruguay), 서쪽의 베르메호강(Río Bermejo)을 경계로 둘러 쌓여있다.

48) 출처: Kleinpenning 2011, Paraguay 1515-1870, pp 37의 지도를 재작업 한 것이다.

그러나 독립 이후의 파라과이 국경은 1864년에 발발한 삼국동맹 전쟁(Guerra de la Triple Alianza)에 의해 다시 변하게 된다. 파라과이는 6년 동안 전쟁을 치르면서 브라질과 아르헨티나, 우루과이 삼국동맹에게 크게 패하였고, 그 대가로 파라과이 동쪽과 서쪽, 남쪽의 영토를 아르헨티나와 브라질에게 빼앗기게 된다.

[지도 4-12] 삼국동맹전쟁 전후의 파라과이 경계[49]

49) 출처: Kleinpenning 2011, Paraguay 1515-1870, pp 38의 지도를 재작업 한 것이다..

[지도 4-12]를 보면, 삼국동맹전쟁 이후 파라과이가 잃은 영토가 표시되어 있다. 파라과이 동부 쪽은 브라질이 차지하였다. 원래 파라과이 동쪽 영토가 블랑코강(Río Blanco)까지 였으나, 아파강(Río Apa)와 아맘바이 산맥까지 밀려났다. 파라과이의 남동쪽은 우루과이강에서 파라나강 사이의 영토가 아르헨티나로 넘어갔다. 또한 미시오네스 지방의 대부분이 아르헨티나로 넘어가게 되었다. 그리고 이과수 폭포도 브라질과 아르헨티나의 영토가 되었다. 파라과이 서쪽은 필코마요강(Río Pilcomayo)까지 아르헨티나가 차지하였다.

결과적으로 삼국동맹전쟁은 현재 파라과이의 동쪽과 서쪽, 남쪽 국경 설정에 영향을 주었다. 이와 함께 1932년에 발발하여 1935년에 끝난 볼리비아와의 차코전쟁을 통해 파라과이의 북쪽 경계도 확정되었다. 현재 파라과이의 국경은 근대국가 수립이후 두 번의 큰 전쟁에 의해 그 모습을 갖추게 되었다.

또한 두 번의 전쟁은 파라과이가 물리적인 경계에 대한 인식과 더불어 심적으로 역내의 라틴아메리카 국가들로부터 스스로를 구별 짓는 계기가 되었다. 특히 전쟁에서 자연스레 암호처럼 사용된 과라니어는 파라과이 사람들이 스스로 타자와 구분 지을 수 있는 경험을 제공하였다.

5장

근대국가 형성과
'과라니 민족주의'의
탄생

과라니들은 식민시기 정복자들 간의 경쟁의 결과로 현재의 파라과이 동부지역으로 수렴되었다. 이로 인해 식민시기의 파라과이 지방은 과라니 문화의 중심지가 되었다. 브라질과 아르헨티나에도 과라니가 존재했지만, 과라니는 이들 국가에서 변방에 존재하는 소수 종족에 불과하였다. 하지만 파라과이에서는 과라니가 주요 종족이었고 그들의 문화가 과라니를 초월하여 모든 파라과이 국민들에게 영향력을 미쳤다. 이 점은 파라과이와 주변국과의 큰 차이라 할 수 있다.

 그러나 과라니 문화가 항상 순탄하게 근대국가 민족주의 모티브로 작동한 것은 아니다. 때로는 과라니 문화가 파라과이에서 탄압을 받기도 했고, 장려되기도 했다. 안토니오 로페스 시기에는 과라니가 근대화의 걸림돌로써 소멸되어야 할 문화로 인식되었고, 과라니 문화를 천시하던 분위기는 한 동안 이어졌다.

 하지만 20세기 초, 라틴아메리카 전역에서 불어 닥친 사조인 인디헤니스모는 과라니 문화가 재조명받는 계기가 되었다. 이 시기에 파라과이의 지식인들 중심으로 문학과 예술 분야에서 과라니어와 그 문화가 각광받기 시작했다. 문학에서는 시를 중심으로 과라니어 작품들이 발표됐으며, 그 과라니어 가사를 바탕으로 한 전통 음악도 체계화되었다. 또한 인류학자들은 파라과이의 기층문화로써 과라니의 민속과 문화에 대한 연구를 진행하였다. 이러한 과정에서 '과라니 민족주의'가 탄생하였다. 인디헤니스모를 바탕으로 형성된 '과라니 민족주의'는 차코전쟁과 군부독재정부를 거치면서 인기영합주의의 도구로써 정책적 지원을 받아 점차 제도화되기 시작했다.

 이렇듯 과라니 문화는 파라과이 근대국가 건설에 있어 때로는 환

영받기도하고 배척당하기도 했다. 그럼에도 불구하고 과라니 문화가 파라과이의 민족 정체성이 된 것은 모든 국민이 과라니어를 사용하고 그 문화를 향유했기 때문이다. 이처럼 과라니 문화가 계급과 인종, 종족의 구분 없이 기층문화를 이루고 있었다는 사실은 지배층의 전략이나 정책과 별개로 파라과이에서 '과라니 민족주의'가 지속된 요인이라 할 수 있다.

1
독립 선언과 과라니 통합 정책

1) 파라과이 지방의 독립 선언

파라과이 지방 정부의 의회에 해당하는 아순시온 정부위원회(Junta Gubernativa de Asunción)는 1811년 5월 14일 스페인 왕실의 지배로부터 벗어남을 선언하였다. 스페인과 리오 데 라 플라타 부왕령을 상대로 파라과이가 독자적인 독립 선언이 가능했던 것은 당시 스페인의 국왕인 페르난도 7세의 칙령으로 소집된 마누엘 벨그라노(Manuel Belgrano) 군대를 상대한 전투에서 승리했기 때문이다.

아순시온 정부위원회는 1810년 3월부터 리오 데 라 플라타를 대표하는 부에노스아이레스 정부 위원회(Junta Gubernativa de Buenos Aires)를 간섭에서 벗어나려 하였다. 이에 리오 데 라 플라타의 부에노스아레스 정부위원회는 벨그라노를 대장으로 하여 1810년 9월과 1811년 3월 두 번에 걸쳐 파라과이로 원정을 보냈다. 벨그라노의 군대는 파라과이에게 패배하였고, 이는 파라과이가 스페인과 리오 데 라 플라타의 영향력에 벗어날 수 있는 확실한 계기가 되었다.

독립 선언 이후 파라과이는 여전히 부에노스아이레스를 중심으로 한 리오 데 라 플라타로 부터 완벽하게 독립된 상황은 아니었다. 파라과이는 리오 데 라 플라타로부터 독립하기 위해 차츰 차츰 권리를 찾기 시작하였다. 그 첫 번째 단계로 경제적 자치권 획득에 관한 조약을 체결하였다.

먼저 파라과이를 대표하는 아순시온 정부위원회는 경제 부문에서 자치 권한을 얻기 위해 부에노스아이레스 정부위원회 협정을 체결하였다. 그 협정은 바로 1811년 10월 12일에 맺은 '아순시온과 부에노스아이레스 위원회간의 연방협정(Tratado confederal entre las juntas de Asunción y Buenos Aires, 이하 연방협정)'이다. 이 협정은 파라과이가 부에노스아이레스의 간섭 없이 독자적으로 경제권을 가진다는 조약이었다. 사실 파라과이는 당시에 부에노스아이레스에게 교역과 관련하여 세금을 납부하였고 이 부분은 파라과이 크리오요들에게 불만이었다.

경제적 상호협정으로 파라과이가 리오 데 라 플라타 에서 완전히 분리되지 못했다. 하지만 아순시온 정부위원회가 부에노스아이레스 정부위원회에 세금을 내지 않고 동등한 관계를 유지하겠다고 선언한 것은 정치적 독립을 위한 첫 걸음이라 볼 수 있다. 연방협정 내용은 총 5항과 부가 내용 6항으로 구성되어있다. 다음은 연방협정의 일부 내용이다.

Tratado confederal entre las juntas de Asunción y Buenos Aires[50]
아순시온과 부에노스아이레스 위원회간의 연방협정

---

50) Biblioteca de Mayo 1963. "Guerra de la Independencia", Tomo 14, Edición Senado de la Nación: Buenos Aires, pp. 12.563~12.565.

La convención se componía de cinco artículos y un sexto adicional firmado por separado.

이 조약은 5개의 조항과 6개의 부가 조항으로 구성되어 있다.

El artículo 1 establecía que el tabaco perteneciente a la Real Hacienda que se hallaba en el Paraguay, podía ser vendido por la Junta de Asunción para destinar esos recursos al mantenimiento de una fuerza de defensa. Además de establecer el libre comercio del tabaco extinguiendo el estanco.

1항. 레알 아시엔다에 속한 파라과이산 담배를 아순시온 정부위원회가 방위군 유지를 위한 자원으로서 판매할 수 있다. 또한 전매를 금하고 자유 무역을 할 수 있다.

El artículo 2 establecía que el peso de Cisa y Arbitrio que anteriormente se pagaba en Buenos Aires por cada tercio de yerba mate que se extraía en el Paraguay, se pague desde ese momento en Asunción, destinado también a la defensa.

2항. 예전에는 파라과이에서 가져온 마테차 3분의 1을 부에노스아이레스에 지불했으나, 이제부터는 방위를 위해 아순시온에 지불한다.

El artículo 3 establecía que no se cobraría el derecho de alcabalas por los productos enviados desde Asunción a Buenos Aires.

3항. 아순시온에서 부에노스아이레스로 운송되는 상품에 대해서 세금을 징수하지 않는다.

연방협정 내용을 보면, 파라과이가 수출하는 주된 품목이 담배와 마테차인 것을 알 수 있다. 특히 담배는 레알 아시엔다, 즉 스페인 왕실의 전매품으로 관리하였으나 파라과이의 아순시온 정부위원회가 그 수익을 가지게 되었다. 당시 리오 데 라 플라타의 부에노스아이레스 정부 위원회는 여전히 스페인 왕실의 권한 하에서 움직였다.

당시 아순시온 정부위원회의 협정 당사자는 리오 데 라 플라타의 부에노스아이레스 정부위원회이지만, 실질적 권한은 스페인 왕실이 가지고 있었기에, 이는 파라과이가 본국을 상대로 경제적 독립을 선언한 것과 마찬가지였다. 그렇기에 이 협정은 파라과이 독립 과정에서 큰 의미를 지닌다고 볼 수 있다. 또한 주요 생산물의 수익을 방위를 위해 사용한다고 명시함으로써 자치적인 군대를 가진다는 것을 대내외적으로 인정받게 되었다. 즉 이상의 선언을 통해 파라과이는 독립적인 경제권과 더불어 자체 군사 조직을 확보함으로써, 근대국가의 기틀을 마련하기 위한 주요 요소를 확보할 수 있게 되었다.

부에노스아이레스를 중심으로 한 다수의 지방 정부 연합체인 리오 데 라 플라타는 파라과이의 독립 선언을 탐탁하지 않게 여겼지만, 일단 파라과이를 제외하고 1811년 11월 22일에 리오 데 라 플라타 연방주(Provincias Unidas del Río de la Plata)를 자체적으로 출범시켰다. 리오 데 라 플라타 연방주의 실질적 지배권을 가진 부에노스아이레스 정부위원회는 파라과이가 그들의 영역에서 빠지는 것에 대해 불만이 많았다. 이에 부에노스아이레스의 크리오요들은 아순시온 정부위원회를 공격하기 위해 수차례 기회를 엿봤으나 계속 실패하였다. 그런 가운데 파라과이는 리오 데 라 플라타로 부터 점차 분리되는 것이 기정사실화 되었다. 이를 반영하듯 부에노스아이레스 정부위원회의 장관인 니콜라스 에레라(Nicolás Herrera)는

1813년 6월에 아순시온 정부위원회가 보나에렌세(Bonaerence)[51]로 부터 독립했다고 선언하기에 이르렀다(Kahle 2005: 271).

같은 해에 파라과이는 새로운 의회가 구성되고 초대 콘술(cónsul)[52]로 호세 가스파르 로드리게스 데 프란시아(José Gaspar Rodríguez de Francia, 이하 프란시아)가 임명되었다. 프란시아는 아순시온 정부위원회의 주축인물로서 독립선언과 연방협정에 모두 참여하였다. 그는 1816년부터 그가 죽은 1840년까지 파라과이를 홀로 통치하였다. 일부 역사가들은 그를 파라과이 최초의 독재자라고 칭하기도 하고 어떤 역사가들은 당시의 파라과이가 완전히 독립된 국가로 보기 어렵기 때문에 최초의 국가 수반으로 보기 어렵다고 주장하기도 한다. 그 예로 의회에서 제정한 법은 헌법이 아닌 임시정부 법령 수준으로서 시민법도 없으며, 게다가 프란시아는 독립을 명시한 법이나 공식적인 선언을 하지도 않았다는 것이다(Rodríguez 2011). 그럼에도 불구하고 프란시아는 리오 데 라 플라타의 다른 지방 정부와 달리 파라과이가 자치적인 정부로서의 기능을 할 수 있도록 여러 가지 여건을 마련했다. 이로 인해 파라과이가 리오 데 라 플라타의 영향력에서 벗어나 실질적인 독립 국가로서의 역할을 수행하게 되었다는 것에 대해 이견을 제시할 사람은 없을 것이다.

---

51) 여기서 보나에렌세는 리오 데 라 플라타를 의미한다.

52) 본문에서 콘술(cónsul)은 한 지역 혹은 국가의 최고 권력자를 지칭하며 로마의 집정관과 당시 프랑스 나폴레옹의 직위에서 모방한 것이다.

2) 프란시아(Francia)의 과라니 통합 정책

프란시아는 독립 선언 이후 하나의 정부로써 인종적 통합을 위해 과라니를 비롯한 원주민들을 정책적으로 적극 수용하였다. 독립 이후 인종적 통합은 라틴아메리카 각 국가들이 주로 취한 전략이지만, 프란시아는 그 맥락이 달랐다. 프란시아는 대외 관계를 모두 끊고 국수적인 통치를 위해 인종 통합을 실시하였다. 이는 프란시아가 리오 데 라 플라타와의 대립적인 상황에서 자치적인 정부를 수립하기 위해서 어쩔 수 없는 선택이었다.

프란시아의 과라니에 대한 우호 정책은 인구학적인 요인이 주요하게 작용했다. 17세기 중반에 파라과이 전체 인구는 66.000명 이었으나 그 중에서 타바(Tava) 마을의 과라니가 22.000명이나 되었다(Susnik 1983: 13). 이 숫자만 보더라도 파라과이 전체 인구의 3분의 1 가량이 과라니인 셈이었다. 이는 예수회 레둑시온에 거주하는 과라니와 타바 마을 이외에 거주하는 과라니의 수를 제외한 것이다.

18세기에 접어들면, 앞서 언급했듯이 과라니는 포르투갈 정복자의 침입으로 파라과이 지방에 더 모이게 되었다. 당시 예수회 레둑시온의 과라니 수는 1768년을 기준으로 88,864명(Wilde, 2010: 103)이 거주하였다. 수스닉(1983: 78~79)은 1785년의 파라과이 지방의 인구를 107,278명으로 추산하였다. 독립 선언과 가장 가까웠던 시기인 1799년에는 파라과이 지방에 108,700명이 거주했다고 보고 있다(Kleipenning 2011: 742).

18세기 후반 인구 통계를 보면, 당시 파라과이 지방의 인구는 10만 명 정도의 규모라 볼 수 있다. 그 중 레둑시온의 과라니 인구가

9만 명에 육박하는 것을 보아 파라과이 지방 전체 인구에서 과라니의 비율은 최소 80퍼센트 이상이었음을 알 수 있다. 독립 전후로 파라과이 인구를 10만 명 안팎으로 가정한다면, 과라니가 8만 이상은 족히 될 것으로 판단된다.

이처럼 파라과이 인구의 80퍼센트 이상이 과라니로 구성된 상태에서 프란시아가 이들을 배제하고 국가의 기틀을 마련한다는 것은 불가능한 일이었다. 과라니 통합을 위한 그의 재빠른 대응은 독립 선언 이후에 곧바로 실시한 과라니 관련 정책에서 잘 드러난다. 그 시작으로 프란시아는 과라니들이 공식적인 정부 기구에 편입되도록 행정 조치를 취하였다.

그에 대한 실천으로써 당시 정부는 독립 선언 이후 타바(táva) 과라니 마을의 코레히도르(corregidor)와 카빌단테(cabildante)[53]가 새로운 통치 기구에 속한다는 선언문을 보내 서명하도록 하였는데, 예외로 추장인 카시케(Cacique)도 서명을 했으며, 다른 경우에는 카빌도의 과라니 서기관들도 서명했다(Pavetti 2008: 223)고 한다. 프란시아의 문서를 받은 타바 마을의 과라니들은 파라과이가 독립한 것을 알고 소리치고 노래 부르며 즐겼으며, 특히 과라니들은 파라과이 독립으로 스페인 왕에게 세금을 내지 않아도 된다는 것에 기뻐했다(Susnik 1983: 168)고 한다.

프란시아는 각 과라니 마을이 수장인 코레히도르와 카빌단테에게 그들의 공동체가 독립한 파라과이에 속한다는 것에 대한 내용을 칙령으로 보내 지방 조직이 새로운 국가 기구에 통합되었음을 공지하였다. 과라니들은 행정적으로 파라과이에 속하게 된 것을 만족해

---

53) 코레히도르와 카빌단테는 시(市)나 마을 단위의 최고 행정책임자이다.

했는데, 그것은 식민 시기부터 오래 동안 이어진 포르투갈의 침입에서 벗어 날 수 있다는 것과 스페인 왕실에 바쳐야하는 공물에서 자유로워 질 수 있다는 것이 동시에 작용한 덕분이다. 과라니는 원주민을 사냥하던 반데이란테스와 스페인 왕실의 편에 있던 리오 데 라 플라타 보다 파라과이 지방 정부가 독립하는 것이 그들의 삶에 더 유리하다는 것을 경험적으로 알고 있었다.

이처럼 프란시아가 행한 과라니 통합 정책은 과라니 스스로도 매우 호의적으로 받아들였다. 특히 프란시아는 정치적 안정을 위해 지방의 세력을 조직화하는데 역점을 두었다. 프란시아는 이를 의회 구성과 국군 창설을 통해 이루고자 하였다. 프란시아는 리오 데 라 플라타와 관계가 어느 정도 정리된 후인 1813년에 파라과이 의회인 최고정부위원회(Junta Superior Gubernativa)를 소집하였다. 프란시아는 정부위원회를 최고정부위원회로 개편하면서 지방의 과라니들이 의회에 참여할 수 있도록 하였다. 이에 최고정부위원회는 각 지역의 카빌도와 마을에서 의회에 소집될 1,000명의 대표자를 선출하도록 공문을 내렸다. 그 공문에는 계급이나 거주 환경에 관계없이 모든 시민들이 자유롭게 참여할 수 있도록 명시하였다 (White 1983: 55).

프란시아는 코레히도르와 카빌단테에게 모든 타바 마을의 과라니들이 투표를 할 수 있도록 지시하였다. 프란시아는 과라니들이 자신을 지지하기 때문에 그들에게 투표권을 주는 것이 권력 유지에 도움이 된다고 보았다. 프란시아는 원주민이든 아니든 인종에 관계없이 23세 이상의 남자 성인에게 모두 투표권을 주도록 하였다. 전국의 농민들과 원주민들은 최고정부위원회에 참석하기 위해 아순시온으로 상경하였다. 비야리카(Villarrica)와 콘셉시온(Concepción), 필라르(Pilar) 등지에 있는 타바 마을과 전국의 83개 마을에서 상경하였다. 과라니는 식민시기 스페인 왕실과 정복자들에게 받은 멸시와 차별을 프란시아를 통해 해소할 수 있는 길을 연 것이다. '신분상승'을 한 과라니들은 프란시아의 강력한 지지기반이 되었다.

이러한 정부 정책에 힘입어 차츰 과라니들도 그들의 목소리를 내기 시작했다. 과라니 출신의 목수인 아뜨라(Atyrá)의 카빌단테는 과라니들이 경제적 능력과 사회적 자유와 독립을 가질 수 있어야 한다고 요구하였다. 이를 위해 자유로운 농민이 되어야 하며 파라과이에서 차별적 의미가 내포된 인디오(indio)라는 용어를 사용하지 않도록 해야 하며 과라니의 혼혈을 장려해야 한다고 주장하였다 (Pavetti 2008: 234).

프란시아는 국가 통합에서 있어 의회 구성 다음으로 시급한 것이 군대의 창설이라고 보았다. 파라과이를 호시탐탐 노리는 리오 데 라 플라타는 프란시아 입장에서 골치 아픈 존재였다. 이에 프란시아는 군대를 조직하기 위해 집중하는데, 특히 군인을 충원하기 위해 과라니를 동원하는데 힘을 기울였다. 당시 국군(ejercito nacional)은 1813년 통치법(Reglamento de Gobierno de 1813) 3조에 의거하여 소집되었는데, 그 법에 의하면 군대는 공화국의 방어와 안전, 보존을 위한 모든 활동을 한다라고 명시되어있다(Pappalardo 1997: 14). 프란시아는 마을과 촌락 사람들, 지역의 공무원들을 사령관으로 하여 국군을 조직하였다. 당시는 완벽한 군대가 아니었지만, 프란시아는 장군과 지휘관, 기타 계급을 정하고 그에 따른 월급도 제공하였다(Creydt 2002: 69). 당시 파라과이는 남미에서 유일하게 군대다운 군대를 보유한 국가였다(Peres Costa 1996: 115).

군대의 창설은 파라과이의 젊은이들이 애국심을 고취하는 의미가 있었으며, 자연스럽게 파라과이를 중심으로 국민들을 통합하는 목적이 있었다(Brion 2003: 172). 정부는 군복을 만들기 위해 천을 만드는 일과 공공건설에 과라니 노동력을 적극적으로 동원하고 활용하기 위해 국민으로 통합하려는 노력을 지속했으며, 군대에서 모든 사람들이 같은 조건으로 입대하도록 장려하였다(susnik 1983: 174). 이는 파라과이 마을에서 태어났다면 흑인과 물라토(mulato), 원주민, 백인 등 피부색과 인종에 상관없이 군복무를 할 수 있다는 것을 의미하였다. 특히 이러한 정책은 과라니를 비롯한 원주민을 파라과이 국민으로 인정하는 신호였다(Susnik 1983: 174)

이처럼 의회와 군복무에 있어 과라니를 적극적으로 동참시킨 것은 기존의 인종적 위계 관계를 해체하고 근대국가시스템으로 나아가기 위해 원주민을 '국민'으로 치환하는 작업(Bendix 1974: 13)으로 이해할 수 있다. 프란시아의 일련의 정책들은 파라과이를 구체제에서 공화주의에 입각한 신체제, 즉 근대국가의 기틀을 만드는 과정이었다. 그 과정에 바로 과라니가 있었다.

3) 통합과 쇄국의 사이

파라과이의 일부 군인과 정치가, 크리오요들은 여전히 리오 데 라 플라타, 즉 부에노스아이레스가 주장하는 통합주의를 지지하였다. 통합주의는 바로 분리주의, 즉 파라과이의 독자적인 독립을 반대하는 세력이었다. 이들은 스페인으로부터 독립을 하더라도 리오 데 라 플라타와 통합을 해야한다고 주장하였다. 이 부류는 항상 도사리고 있는 주변의 적대 세력들의 침입을 두려워하였다.

이 시기에 파라과이는 주변 곳곳으로부터 위협을 받고 있었다. 북쪽 국경 근처에서는 포르투갈 정복자들과 함께 원주민들이 수시로 파라과이에 위협을 가하였다. 게다가 파라과이 남쪽의 미시온 지역은 반다 오리엔탈(지금의 우루과이)을 점령한 포르투갈 정복자들이 호시탐탐 노리고 있었다. 게다가 리오 데 라 플라타도 파라과이의 독립을 저지하기 위해 지속적으로 군사를 파견하여 견제하였다.

이에 프란시아는 내부 분열을 막고자 한층 애국심(Madre Patria)을 강조하였고, 이를 위해 과라니가 국가 정책에 더 적극적으로 동참할 수 있도록 지원을 아끼지 않았다. 다음은 아순시온 국립아카이브(ANA, NE, 3406)에 기록된 자료로써 당시 파라과이 정부가 원주민에게 지원한 목록 일부이다. 이 목록을 보면 당시 정부가 과라니를 지원한 정황이 잘 드러난다.

날짜	내용
1813/01/12	빠야과(Payaguá)에게 돈을 지급하였음.
1813/01/20	부대의 원주민 음악대원에 지급한 자켓 값 지급, 페드로 파블로 아레세(Pedro Pablo Arze)에게 서명 받음.
1813/01/21	빠야과에 지급, 마르틴 데 바산(Martin de Bazán)이 모두 서명.
1813/04/09	과나(guaná)의 두 명의 추장(cacique)에게 준 두 개의 지팡이와 한줌의 은에 대한 값을 지불(서명이 없음).
1813/04/29	으꾸아만디쥬(Ycuamandiyú)의 세 명의 추장(cacique)에게 준 3바라의 천과 3개의 코르도바산 판초(poncho)에 대한 값을 지불.
1813/05/02	두 명의 추장을 위해 지급한 두 쌍의 부츠에 대한 대가 지불, 후안 데 디오스 수가스티귀(Juan de Dios Sugastigui)가 서명함.
1813/05/03	으꾸아만디쥬(Ycuamandiyú)의 추장(Cacique)들을 위해 준 세 개의 셔츠 값 지불, 호세 가브리엘 플레이테스(José Gabriel Fleites)가 서명함.
1813/05/12	으빠네(Ypané)출신 추장과 마을주민에게 12페소를 줌. 후안 바우티스타 메렐레스(Juan Butista Mereles)가 받음.

1813/05/12	과나 원주민에게 아르헨티나 산티아고 델 에스테로(Santiago del Estero) 산과 다른 지역산 판초(poncho) 8개 값을 돈 아구스틴(Don Agustín)과 페드로 마르틴 트리고(Pedro Martín Trigo)에게 지불.
1813/05/20	빠자과 원주민들이 2명의 과나 원주민을 비야 레알 데 콘셉시온(Villa Real de Concepción)으로 데려가기 위해 24페소 지급, 마르틴 데 바산(Martin de Bazán)이 서명 함.
1813/05/20	두 명의 빠자과를 콘셉시온에 보내기 위해 12페소 지급.
1813/06/10	루이스 에체베리아(Luis Echeverría)가 줄(鑢刀)을 판매하고 6레알(real)을 받음. 이 줄은 꾸루과뜨(Curuguaty)의 산 이시드로 라브라도르(San Isidro Labrador)의 원주민 기술자가 일하기 위해 받음.
1813/06/10	로페스(López) 당시에 외교 장관의 아버지인 토마스 베르헤스(Tomas Vergés)가 재무부로부터 페소를 받음. 이 돈은 두 명의 원주민에게 폰초를 지급하고 이들을 알페레스 데 카바예로(Alfrez de Cavallero)와 함께 꼰셉시온으로 보내는데 사용.
1813/06/22	콘셉시온의 추장과 원주민에게 전달할 8개의 칼에 대한 돈을 루이스 에체베리아에게 지급.
1813/06/26	바야(Baya) 원주민에게 전달한 정글도(machete) 3개에 대한 값을 지불, 마누엘 사인스 데 라 페냐(Manuel Sainz de la Peña)가 서명.
1813/06/26	레둑시온에게 일하는 원주민에게 전달하기 위한 세 개의 정글도 값을 루이스 에체베리아에게 지불.
1813/06/26	으따뻬(Ytapé) 레둑시온의 원주민에게 전달할 8개의 도끼를 주기위해 재무부로부터 24페소를 받음.

정부가 과라니에게 지원한 물품에 대한 수령증에는 각 개인 혹은 마을의 대표에게 제공한 내역과 그 물품을 누구에게 구매해서 원주민에게 지급했는지 상세히 드러나 있다. 이것을 실행한 기관은 재무부로써 과라니에게 현금을 제공하는 경우도 있었지만 주로 현물을 지급하였다. 현물의 종류는 셔츠와 판초, 지팡이와 같은 생활용품과 도끼와 정글도, 줄(鑢刀)과 같은 작업 도구가 주를 이루었다. 정부는 주로 추장과 그 마을 대표하는 사람에게 현금과 물품을 지급하여 지역 사회를 위해 쓸 수 있도록 하였다. 정부는 기존의 과라니 마을 지원과 함께 새로운 과라니 마을을 건설 할 수 있도록 지원하기도 하였다.

1813년 6월 19일에는 예그로와 프란시아, 카바예로, 라리오 갈 반의 동의하에 재무부가 모꼬비(Mocoví) 추장에게 새로운 레둑시온을 만드는데 8개의 도끼와 16개의 정글도를 지급하였다 (ANA, NE, 3406).

새로운 과라니 마을 개척을 위해 정부가 물품 지원 한 것을 보면, 당시에 여전히 과라니의 수가 증가하고 있었음을 알 수 있다. 이것은 프란시아가 과라니에 대한 지원을 멈출 수 없는 이유였다. 프란시아는 의회의 지원을 얻고 및 군대를 활성화하여 국가의 기틀을 세우는 것이 급선무였기 때문이다.

프란시아는 과라니를 제도적 조직 안에 포함하는 것과 함께 그들의 문화를 조직적으로 보존하였다. 군대의 경우는 본래의 기능인 국토 방어의 기능을 넘어 전통음악의 전수 역할을 담당하기도 하였다. 군대에 과라니들이 대거 포함됨으로써 그들의 사기를 올릴 음악이 필요했고, 이런 연유로 군악대는 과라니들이 연행하던 음악을 차용하였다. 이를 위해 프란시아는 오랫동안 전승된 민족 문화인 과라니 음악을 계승할 목적으로 전통 음악가들을 지원하고 양성하였다(Romeo 1983: 57).

이 시기에 파라과이에는 신학교를 제외하고 제대로 된 교육 기관이 없었기 때문에 군대가 전통문화를 계승하기 위한 교육기관의 역할을 담당하였다. 아순시온에 설립된 군악부속 청년학교(Escuela de los Jóvenes Aprendices de Música Militar)는 전통 음악인을 양성하는 전문 교육기관으로 초보적 수준의 콘서바토리(conservatory)라 볼 수 있다. 여기에는 1817년 법령에 의해 이따(Itá)와 자과론(Yaguaron), 알토스(altos), 과람바레(Guaranbaré), 그리고 미시온(Mision)지역의 마을에서 온 과라니 아이들이 이 학교에서 교육을 받을 수 있도록 지원하였다. 여기서는 음악 뿐 아니라 문학과 글도 배웠으며, 그에 대한 대가로 급여도 받았다.

프란시아는 과라니 음악을 비롯한 그들의 문화가 파라과이인의 강한 사회적 결속을 가져다 줄 도구로 인식하였다. 주변 국가로부터 독립하고 싸우기 위해서는 과라니의 통합 없이는 불가능하다고 판단한 것이다. 그 결과로써 아나스타시오 롤론(Anastasio Rolón)은 초기적인 형태의 과라니로 된 애국가인 떼따 뿌라헤이(Tetâ Purahéi)[54]를 작사·작곡 하였다. 이 노래는 19세기 중반에 만든 것으로 현재 파라과이 애국가의 모티브가 되었다.

또한 프란시아는 전략적으로 국경의 관리들에게 공식 서한을 과라니어로 보냈다. 이는 파라과이라는 물리적인 국경에 문화적인 정체성을 덧씌우는 작업이었다. 이 같은 정책들은 과라니 문화가 파라과이의 정체성을 상징하는 요소로써 기능한 요인이 되었다.

프란시아가 국가 통합에 있어 과라니와 그 문화를 중시한 것은 파라과이가 프랑스나 유럽식의 민주주의와 시민혁명의 역사와 경험이 부족하다고 판단했기 때문이다. 이는 당시 파라과이의 인구의 다수가 과라니인 점에서 당연한 결과라 할 수 있다. 이런 가운데 과라니를 배제하는 것은 식민 시기부터 유지된 파라과이 지방의 정체성을 버리는 것과 같은 것이었다. 이에 프란시아는 공화정, 즉 부르주아 민주주의(democrático burguesa)를 실현하기 위해 부르주아와 농민의 연대가 필요하다고 주장하고 이에 대한 실천 방안을 마련하였다. 먼저 농민이었던 과라니의 통합이 절실하다고 판단했고,

---

54) 떼따와 뿌라헤이는 과라니어로서 각각 애국과 노래라는 뜻이 있다.

이들을 주체적인 세력으로 성장시키기 위해 정치경제적인 지원이 필요하다고 여겼던 것이다. 또한 이렇게 성장한 과라니들은 자신의 든든한 후원자가 되리라는 전략적인 계산이 깔려있었다. 이는 적중하였고, 프란시아는 1814년부터 1840년까지 정권을 독차지하였다.

프란시아는 파라과이 역사에서 독재자이자 쇄국정책을 취한 인물로 널리 알려져 있다. 이로 인해 프란시아는 파라과이가 발전하지 못하고 현재까지 가난하게 된 원인으로 꼽기도 한다. 그가 고립적인 정책을 취한 것은 주변 강대국으로부터 파라과이를 유지하기 위한 궁여지책이기도 했다. 사실 파라과이 주변은 적대 세력들이 언제라도 침략할 상황이었다. 파라과이의 동쪽에서는 포르투갈 세력들이 끊임없이 미시온 지역과 과라니 마을을 노리고 있었고, 서남쪽에서는 리오 데 라 플라타가 파라과이가 떨어져 나가는 것을 막기 위해 군대를 지속적으로 파견하였다. 또한 '신생 제국주의' 세력인 영국은 마테차와 담배 등을 노리고 파라과이에 침투하기 위해 부단히 노력하였다.

당시 남미의 외교적 상황에서 프란시아가 외세를 막고 파라과이의 국가 통합과 결속력을 다지기 위해 과라니를 적극적으로 수용한 것은 어쩔 수 없는 선택이었다. 또한 파라과이 자체의 상황만을 두고 봤을 때, 프란시아는 과라니를 국가 시스템내로 끌어들여 통합을 이룬다면 '완전한' 독립에 유리하다고 판단하였다. 과라니의 통합은 프란시아의 정치적 이념을 실현하기 위한 주요 동력이었다.

실제로 프란시아는 독재 기간 동안 자기에게 반기를 들 수 있는 지식인이나 크리오요에 대해 끊임없이 견제를 하였는데, 그는 외부로 부터의 지식이나 새로운 기술이 들어오는 것을 철저히 막았으며, 국내에 있는 서적을 불태우기도 하였다. 프란시아가 이러한 전략을 취한 것은 스스로의 권력을 유지하기 위해 과라니가 통치하기에 용이했기 때문이다. 어떤 이유에서 건 결과적으로 프란시아는 '과라니의 아버지'이자 리더인 까라이(karai)[55]이가 되어 독립국가의 기틀을 마련했다는 사실을 부인할 수는 없다.

또한 이러한 정책에 힘입어 과라니는 그들의 마을인 타바에서 벗어나 아순시온 인근으로 자유롭게 거주하였고, 교육 및 정치 등 제도적 지원을 받았다. 또한 원주민의 혼혈도 자연스럽게 이루어져 라틴아메리카에서 유일하게 메스티소와 외국인들이 원주민 언어인 과라니어를 자연스럽게 구사하는 국가가 되었다. 이렇듯 당시 파라과이에서 과라니 문화가 민족 정체성으로 표상된 것은 바로 과라니어와 문화가 과라니만의 산물이 아닌 국민 모두의 전유물이 되었기 때문이다.

---

55) 까라이(karai)는 과라니어로 신관 또는 우두머리라는 뜻을 가지고 있다.

2

서구식 근대화와 과라니 문화의 배척

프란시아가 사망함으로써 26년간의 긴 통치가 막을 내렸다. 프란시아의 죽음은 과라니에 대한 여러 정책 변화를 예고하였다. 프란시아의 사후, 그의 조카인 안토니오 로페스는 파라과이의 독립을 공식적으로 선언하고 그만의 방식으로 독립 국가의 기틀을 다시 다졌다. 실제로 파라과이의 독립일은 1811년 5월 14일로 알려져 있지만, 이 날은 혁명을 통해 스페인의 지배로부터 벗어남을 선포한 것뿐이다. 파라과이의 공식적인 독립은 안토니오 로페스가 권좌에 오르면서 이루어졌다. 그는 1841년에 마리아노 로케 알론소(Mariano Roque Alonso)와 함께 파라과이의 공동 콘술(cónsul)로 의회의 승인을 받는다. 두 통치자는 1842년에 총 7개 조항으로 구성된 파라과이 공화국 독립 선언문(Acta de la Independencia de la República del Paraguay)을 대내외적으로 공표하였다.

Acta de la Independencia de la República del Paraguay (1842)[56]

파라과이 독립 선언문

En esta ciudad de la Asunción de la República del Paraguay a veinte y cinco de noviembre de mil ochocientos cuarenta y dos. Reunidos en Congreso General Extraordinario cuatrocientos diputados por convocatoria especial de los señores Cónsules que forman legalmente el Supremo Gobierno ciudadanos Carlos Antonio López y Mariano Roque Alonso usando de las facultades que nos competen, cumpliendo con nuestro deber, y con los constantes y decididos deseos de nuestros conciudadanos, y con los que nos animan en este acto.

1842년 11월 25일 파라과이공화국의 아순시온. 콘술인 카를로스 안토니오 로페스와 마리아노 로케 알론소의 권한으로 400명의 의원과 우리의 시민들이 이 선언을 지지한다.

(중략)

Primero: La República del Paraguay en el Río de la Plata es para siempre de hecho y de derecho una nación libre e independiente de todo poder extraño.

첫 번째: 리오 데 라 플라타의 파라과이 공화국은 외부의 권력으로부터 영원한 자유와 독립을 가진 국가이다.

Segundo: Nunca jamás será el patrimonio de una persona, o de una familia.

두 번째: 절대로 개인과 한 가족의 유산이 될 수 없다.

---

56) 출처: 파라과이 국립문서보관소(Archivo Nacional de Asunción)

(중략)

Sexto: El Supremo Gobierno comunicará oficialmente esta solemne declaración a los Gobiernos circunvecinos y al de la Confederación Argentina dando cuenta al Soberano Congreso de su resultado.

여섯 번째: 정부는 이 엄숙한 선언을 주변의 정부와 아르헨티나 연방에 공식적으로 전달할 것이다.

Séptimo, Comuníquese al Poder Ejecutivo de la República para que la mande publicar en el territorio de la nación con la solemnidad posible, y la cumpla y haga cumplir como corresponde.

일곱 번째, 가능한 성대하게 국가의 영토가 공표 될 수 있도록, 공화국의 행정부는 이를 준수하고 집행하도록 한다.

   독립선언문은 파라과이가 외세로부터 독립된 공화국이라는 것을 담고 있다. 선언문 내용 가운데 핵심은 리오 데 라 플라타와 아르헨티나 연방에서 독립한다는 것을 강력하게 공표하고 있는 부분이다. 앞서 언급했듯이 파라과이가 1811년 5월 14일 독립혁명을 할 당시부터 아르헨티나 연방정부의 전신인 부에노스아이레스 정부위원회는 파라과이가 독립하는 것에 대해 굉장히 부정적이었다. 리오 데 라 플라타 입장에서는 당시 상당한 이권인 파라과이산 담배와 마테차에 대한 권한을 뺏기기 싫었기 때문이다. 그러한 이유로 프란시아도 리오 데 라 플라타 정부들과 브라질에 대항하여 쇄국 정책을 실시하였다. 그 과정은 파라과이가 주변국으로부터 점차 독립의 기틀을 닦는 과정으로 작용했다.

   안토니오 로페스는 1844년에 파라과이 독립에 관한 내용이 담긴

법을 제정하고 공화국의 초대 대통령(presidente)으로 임명된다. 그는 대통령 임명 이후에 서구적 근대화를 다방면으로 추진하였다. 안토니오 로페스는 몇 차례 바뀐 국기 문양을 지금의 모습으로 확정하였고 국가(國歌)를 재정비하였다. 그는 자국 화폐를 만들었으며, 농업 개혁을 실시하였다. 또한 인쇄술을 도입하고 최초의 파라과이 신문을 창간하였다. 경제 부문에서는 유럽의 기술을 받아들였다.

이 같은 안토니오 로페스의 정책은 여러모로 프란시아와 대비되었다. 프란시아는 쇄국정책을 취했으나, 안토니오 로페스는 산업화를 추진하였다(Cardozo 1996: 284). 그는 제철소 및 주요 공업 시설과 항구 및 철도 등의 인프라를 구축하였으며 낙후된 파라과이에 선진 기술을 받아들여 민족자본을 일으키는데 주력하였다(Moreira 1998: 434-437). 쇄국정책을 추진한 프란시아와 달리 그는 젊은 인재를 유럽으로 유학을 보내 선진 기술을 받아들였고 영국과 미국, 프랑스와 무역협정을 체결하였다. 그리하여 제철소와 조선소, 철도 등의 산업을 받아들였다. 안토니오 로페스에게 있어 근대화는 서구식 발전을 의미했으며, 과라니 문화는 그러한 근대화에 도움이 되지 않는다고 판단하였다. 그 중에서도 안토니오 로페스는 바닷길이 없는 파라과이의 특성상 물류 수송을 위해 철도 건설에 심혈을 기울였다.

[그림 5-1] 아순시온의 중앙역 내부

파라과이의 철도는 1861년에 쿠바와 페루, 칠레, 아르헨티나 다음인 5번째로 라틴아메리카에서 개통되었다. 파라과이에서 철도가 건설 된 시기는 1850년대로 영국의 기술자들이 중심되었다. 이들의 지휘아래 파라과이 공병대가 노동력으로 투입되었으며 그 밖의 유럽에서 유학한 파라과이 청년들도 함께 참여하였다(구경모 2012: 97). 안토니오 로페스는 아순시온에서 비야리카를 잇는 철도 노선 공사 계획을 발표하였고, 1856년에는 5만 파운드를 들여 영국으로부터 철도 관련 물품을 수입하여 아순시온 항에 위치한 해군 병기고에서 철도에 필요한 객차와 부품들을 생산하였다.

1857년에는 아순시온 항에서 우루과이 광장 옆에 중앙역을 건설하기 위해 착공하였다. 이 노선은 대서양에서 라 플라타 강을 거쳐 파라과이강의 아순시온항에 도착한 물건을 아순시온 시내까지 수송하는 역할을 하였다. 또한 다른 지방 철도 노선 건설을 위해 아순시온 항에서 철도 관련 부품을 수송하기 위해서도 운행하였다. [그림 5-1]의 아순시온 중앙역은 1861년에 완공되어 첫 운행을 하였다. 철도 건설은 외부 세계와의 교류를 위해 중요한 인프라로써 파라과이 근대화의 상징과도 같은 존재였다.

서구적 근대화와 별개로 안토니오 로페스는 과라니 문화에 대해서 아주 배타적이었다. 그는 과라니 문화가 근대화의 걸림돌이라 여겼다. 그러나 식민 시기부터 파라과이 지방의 일상 언어로 자리 잡은 과라니어는 파라과이가 독립을 한 이후에도 일반적으로 사용되었다. 19세기 중반 파라과이를 다녀간 외국인들의 기록은 그 당시 일상 언어로써 과라니어의 위상을 잘 보여준다. 당시 여행가였던 로버슨(Robertson) 형제는 기행문에서 다음과 같이 밝히고 있다. 토착 언어인 과라니어는 스페인어를 쓸모없게 만들어 버렸다. 상류계층이 아닌 파라과이 남자들은 유창하고 정확한 스페인어를 구사하지 않는다(Zuccolillo 2002: 49).

또 다른 여행가인 그레이험(Graham)은 1846년 파라과이를 방문했을 때, 당시에 주로 사용했던 언어가 과라니어라고 밝혔다. 그는 과라니어가 파라과이에서 일반적인 언어이며, 스페인어는 사람들이 거의 사용하지 않는다고 언급하였다. 스페인어는 외국인만 사용하며, 시골지역은 스페인어에 대해서 무지하여 물 한 잔을 부탁하기 위해서도 통역이 필요하다고 말하였다. 멜리아는 이러한 사례를 뒷받침 하듯이 1865년 삼국동맹전쟁까지 과라니어가 파라과이 사람들에게 유일한 언어였다고 밝히고 있다(Melià: 1992).

안토니오 로페스 정부는 과라니어가 파라과이의 일상 언어였음에도 불구하고 스페인어를 사용을 장려하였다. 특히 정부는 파라과이의 근대화를 위해 스페인어 사용을 의무화하였다. 한 사례로서 안토니오 로페스는 인종적 통합을 위해 원주민 마을인 타바(tava)를 철폐하고 원주민의 성(姓)을 스페인어로 바꿀 것을 의무화하기에 이르렀다. 19세기 중반부터 정부는 스페인어 사용을 의무화하기 위해 스페인어와 근대 학문을 가르치는 교육시설을 세우게 된다.

그럼에도 불구하고 많은 국민들이 과라니어를 사용함에 따라, 정부는 과라니어 탄압 정책을 실시하게 된다. 그 방법의 하나가 수업시간에 과라니어를 사용하면 벌을 주는 것이었다. 센투리온(Centurión)은 이 당시 학교 상황을 다음과 같이 표현하였다. 그는 "수업시간에 과라니어를 말하는 것을 금지하였다. 이것을 지키지 못하면 규율담당자가 어겼다는 표시로 구리 반지를 주었다. 매주 토요일마다 구리 반지를 가진 학생을 불러 모았다. 구리 반지를 가진 학생은 4, 5대의 회초리를 맞았다"고 증언하였다(Zuccolillo 2002: 54).

또한 정부는 스페인어 장려하기 위해 교육현장에서 과라니 사용을 적극적으로 저지하였다. 그 억압 내용도 아주 구체적이며 규율화되어있다. 이런 교육 정책에 국민들이 영향을 받아 사회에서는 과라니어를 경시하는 분위기가 조성되었다. 이것은 스페인어 보급을 위한 국가의 반강제적 정책의 효과라 볼 수 있다. 맨필드(Manfield)는 "모든 파라과이 사람(paraguayo)들은 남자든 여자든 과라니어로 말한다. 다수의 하위 계층은 다른 언어(스페인어)를 말하지 못한다. 그러나 공식 언어가 스페인어라서 사람들은 과라니어를 점점 천시하고 있다."라고 밝히고 있다(Zuccolillo 2002: 56).

1920년대 수집된 과라니어 사용에 관한 한 사례를 살펴보면, 가정에서도 과라니어를 어느 정도로 천시하고 있는가를 잘 보여준다. 마르코스 아우구스토 모리니고(1990)는 그가 쓴 책에서 다음과 같이 증언하고 있다. "나는 두 언어를 사용하는 아순시온에서 태어났다. 나의 부모님들은 과라니어를 유창하게 말했다. 그러나 부모님들은 집에서 우리 형제들이 과라니로 말하는 것을 절대로 허락하지 않았다. 학교에 들어가지 전인 12살 때까지 과라니어로 말하는 것을 용납하지 않으셨다. 비록 우리들은 약간의 과라니어를 알았지만, 나는 고등학교에 입학할 때까지도 과라니어를 쓰지 않았다. 나는 등하교 길과 수업 사이의 쉬는 시간, 그리고 운동할 때 과라니어를 배웠다. 동시에 프랑스어와 라틴어 문법도 배웠다. 고등학교를 졸업하고 대학교 진학을 할 때 비로소 과라니어를 잘 구사할 수 있게 되었다"고 언급하고 있다(Morinigo 1990: 180).

스페인어 사용 정책과 가정의 통제에도 불구하고 과라니어는 여전히 일상 언어로서의 역할을 수행하였다. 특히 파라과이에서 고등교육을 받을 만한 학교가 부족하였기 때문에 스페인어 사용자가 과라니어 사용자를 뛰어넘을 수 없었다. 카르도소(1997, 366-401)에 따르면, 국립 중·고등학교는 1877년 수도를 비롯하여 비야리카와 콘셉시온, 필라르, 엔카르나시온 등의 4개의 도시에만 설립되었다. 의무교육은 1909년에 실시되었지만 학교가 부족하였다. 특히 4개 도시 이외에 살고 있는 많은 아이들은 교육의 기회를 가지기도 힘들었다. 근대교육기관의 설립에도 불구하고 교육의 불평등으로 인해 스페인어 구사하는 사람들은 여전히 소수에 불과하였다. 결국 스페인어의 장려 정책은 과라니어 화자를 스페인어 화자로 돌리지 못한 채 원주민 문화에 대한 차별만 가중시켰다. 이로 인해 과라니어는 비근대적인 언어로 비춰졌고, 동시에 과라니어 사용 빈도에 따라 사람을 구분하는 현상만 심화시켰다.

> 안토니오 로페스는 과라니의 적이다. 그는 프란시아가 만든 과라니어 애국가를 스페인어로 바꾸었다. 그 이후에 우루과이 사람인 프란시스코 아쿠냐 데 피구에로아(Francisco Acuňa de Figueroa)가 지금의 애국가를 작사하게 하였다. 그리고 1848년에 과라니 성을 사용하지 못하게 하였다. 그때까지 원주민의 이름은 스페인어 (Luis, Ángel o Carlos)를 사용했으나, 성은 과라니어(Aguaí, Tapé, Aguará)를 사용하였다. 이 때부터 과라니어와 비교하여 스페언어로 발음이나 해석될 수 있는 단어로 바꿨다. 그 예로 으보따(Yvoty)는 꽃이라는 뜻의 플로르나 플로레스로 바꿨다. 사띠(Satî)는 살디바르(Saldívar)로, 세삐(Chepí)는 세나(Chena)로 바꿨다(출처: Ultimahora 기사, 2011년 5월 6일).

안토니오 로페스 정부의 과라니어 탄압 정책은 스페인어 화자를 양성하긴 하였지만, 본래의 목적인 일상영역에서 스페인어 사용 증진은 이루지 못하였다. 오히려 정부는 국가 정책을 통해 과라니어 사용을 억제하는 것이 불가능하다는 것을 인식하였다. 과라니어는 이미 파라과이의 기층문화로서 국가의 통제나 관리에 의해 제어할 수 없는 대상이 되었다. 다만, 과라니어나 과라니 문화 등의 전통문화를 멸시하는 풍조만 나타나게 되었다.

아버지인 안토니오 로페스의 뒤를 이어 집권한 프란시스코 솔라노 로페스(Francisco Solano Lopez)는 과라니 배척 정책이 여의치 않자 과라니에 대한 호의적인 정책으로 전환하였다. 솔라노 로페스는 파라과이 역사에서 씻을 수 없는 상처인 삼국동맹전쟁(Guerra de la Triple Alianza)[57]을 겪었다. 전쟁은 내부와 외부 세력의 명확하게 구분해주는 동인을 제공한다. 솔라노 로페스 입장에서는 승리를 위해 내부 결속을 다지는 것이 필요하였다.

삼국동맹전쟁의 발발은 파라과이 국민의 단결이 그 어느 때보다 중요하였고 그 구심점으로 과라니 문화가 다시 조명 받게 되었다. 특히 파라과이 음악가들은 전쟁에서 사기를 북돋우기 위해 전장에서 틀어줄 과라니 음악을 만들었다. 또한 전쟁에서 과라니어는 자연스런 암호가 되었다. 과라니어는 군대의 결속 뿐 아니라 외부 적으로부터 파라과이 사람들을 구분하는 가장 중요한 수단이 되었다.

전쟁에서 패한 후 파라과이는 막대한 전후 보상금 지불과 함께 브라질과 아르헨티나의 정치인과 군인들이 파라과이 정부에 영향력을 미쳤다. 아르헨티나와 브라질은 파라과이를 해체하기 위해 노력을 하였다. 삼국동맹전쟁 당시 아르헨티나의 전, 후임 대통령이었던 바르톨로메 미트레(Bartolomé Mitre)와 도밍고 파우스티노 사르미엔토(Domingo Faustino Sarmiento)의 문답은 아주 유명하다. 미트레가 사르미엔토에게 "파라과이를 무너뜨리려면 어떻게 해야 하는가라고 묻자 사르미엔토는 과라니를 없애야 한다"(Ultimahora 기사, 2011년 5월 6일)라고 대답하였다. 이는 당시 주변국들도 파라과이 민족 정체성의 중심에 과라니 문화가 강하게 자리 잡고 있음을 인정한 것이다.

---

57) 삼국동맹전쟁은 1864년부터 1870년까지 벌어진 전쟁이다. 라틴아메리카 역사에서 손꼽히는 대규모 전쟁 중의 하나이다. 이 전쟁에서 파라과이는 브라질과 아르헨티나, 우루과이 3국 동맹과 맞서 싸워 패하였다. 파라과이는 전쟁에서 패하면서 막대한 영토와 인구를 잃었다.

3

과라니 정체성의 부활

1) 인디헤니스모(indigenismo)와 '과라니 민족주의'

안토니오 로페스 정부의 스페인어 장려 정책과 삼국동맹전쟁 이후 승전 국가들의 과라니 문화 억제 정책에도 불구하고, 과라니어와 그 문화는 20세기 초에 다시 주목을 받게 된다. 당시 라틴아메리카에서는 인디헤니스모 사상이 일어나던 시기이다. 인디헤니스모는 1920년대를 전후하여 라틴아메리카 원주민 문화와 사상에 대한 가치를 재조명하자는 운동이었다. 인디헤니스모 운동은 각 국가의 민족주의와 결합하였다. 그 대표적인 사례가 바로 멕시코 혁명 정부의 민족주의 정책이라고 할 수 있다. 멕시코의 경우에는 벽화운동으로 유명한데, 이 같은 움직임은 페루, 에콰도르 브라질 등 라틴아메리카 전역에서 일어났으며 파라과이에도 영향을 미쳤다.

반세기 이상 과라니어는 정책적으로 소외받았지만, 정부의 의도대로 스페인어가 과라니어를 대체하지 못했다. 오히려 1920년대 이후에는 지식인 계층을 중심으로 과라니어를 비롯한 원주민 문화를 재평가하자는 움직임이 나타났다. 이 같은 사조는 문학에서 활발이 전개되었다. 당시에 대표적인 지식인은 시인인 나르시소 콜만(Narciso

R. Colmán)과 에밀리아노 페르난데스(Emiliano R. Fernández), 다리오 고메스 세라토(Darío Gómez Serrato), 펠릭스 페르난데스(Félix Fernández), 폰타오 메사(Fontao Meza) 등이 있었다. 당시 지식인들은 '오카라 뽀뜨 쿠에-미(Ocara Poty cue-mí)'라는 잡지에 과라니 문학과 음악에 관련된 글을 수록하였다.

또한 이 시기에 비야리카 출신의 마누엘 오르티스 게레로(Manuel Ortiz Guerrero)도 과라니어로 시를 발표하였다. 마누엘 오르티스는 파라과이의 전통음악인 과라니아(Guarania)를 집대성한 호세 아구스틴 플로레스(José Agustín Flores)와의 공동 작업으로 많은 작품을 남겼다. 그 중에 '빛나는 나비'라는 뜻의 파남비 베라(Panambí verá)는 과라니아의 정수로 손꼽힌다.

또한 인류학자인 베르토니(Bertoni)는 "역사 문서와 같은 과라니어"라는 책에서 과라니어가 파라과이 사람들을 통해 너무나 값지게 이어져왔다는 것을 주장하면서 어떤 다른 언어도 과라니어처럼 민족의 친근한 삶과 정신을 나타낼 수도 없다고 평가하였다(Zuccolillo 2002, 75-76, 재인용). 누네즈(Núñez)를 비롯한 민속학자들은 기층문화로서 과라니의 신화와 민속 연구했다.

학문적 영역이외에도 정치인으로서 대통령을 엮임 한 나탈리시오 곤살레스(1996)[58]는 그가 저술한 책에서 파라과이의 국가 정체성을 건설하기 위해 과라니어를 재평가하자고 주장하였다. 과라니의 문화와 언어가 바로 파라과이의 정체성이라고 목소리를 높였다.

---

58) 나탈리시오 곤살레스(Natalicio González)는 1948년 8월 16일부터 1949년 1월 30일까지 약 5개월간 집권하였다. 이 당시는 1947년 내전이후 자유당에서 콜로라도당으로 정권이 교체되는 시기로서 매우 혼란스러웠다. 1948년부터 6월부터 1954년 5월 스트로에스네르이 집권하기 까지 약 6년간 6명의 대통령이 바뀌었다.

그에 따르면, 파라과이는 '아버지'로부터 내려오는 메스티소가 아니라 '어머니'로부터 내려오는 메스티소로 인식을 바꿔야 한다고 주장하였다. 스페인어 장려 정책으로 인해 '천박한 언어'로서 인식된 과라니어는 일부 지식인들의 자각을 시작으로 '자랑스러운 언어'로 치환되기 시작한다. '자랑스러운 언어' 만들기는 민간 부문을 중심으로 점차 국가 부문으로 확대된다.

이러한 지적흐름 가운데 1933년에 벌어진 차코 전쟁(Guerra del Chaco)은 '과라니 민족주의'를 더욱 공고히 하였다. 차코전쟁은 파라과이와 볼리비아가 차코지역을 두고 벌인 전쟁을 말한다. 이 전쟁에서 파라과이는 우수한 무기를 가졌는데, 그것이 바로 과라니어였다. 파라과이는 삼국동맹전쟁과 마찬가지로 차코전쟁에서도 과라니어를 사용함으로서 별도의 암호를 가진 것과 같은 효과를 가졌다. 이는 과라니어가 기층문화로서 정체성 뿐 아니라 실증적인 효용성, 즉 전쟁이라는 특수한 상황에서 과라니어가 위력을 발휘함으로써 과라니어에 대한 파라과이 국민들의 애착이 더욱 깊어갔다.

이히니오 모리니고(Higinio Morinigo)대통령은 이러한 시대적 분위기에 편승하여 화폐개혁을 추진한다. 안토니오 로페스 시기에 만든 파라과이 최초의 화폐인 파라과이 페소(peso paraguayo)를 약 100년 만에 바꾸었다.

[그림 5-2] 과라니 지폐[59]

　모리니고는 현재 파라과이 중앙은행의 전신인 파라과이 은행을
설립하여 화폐단위를 변경하였는데, 기존의 화폐 단위인 파라과이
페소를 과라니(Guarani)로 변경하였다. 라틴아메리카에서 화폐단위
로 자국의 원주민의 이름을 사용한 것은 처음이자 유일하다. 이렇
게 사용된 과라니는 현재도 사용하고 있다. 위의 사진에서 보듯이

59) 출처: Pratt Mayans y Pusineri 2008, Billetes del Paraguay Asunción: Numismatica Indepen
　　dencia S.A.

초기 지폐의 숫자는 스페인어지만, 현재는 숫자에도 과라니어를 병기하고 있다.

> 이히니오 모리니고는 1943년 10월 5일 법안 655호에 의해 "파라과이 공화국 통화 체계"를 공표하였다. 이 체계는 페소 파라과조를 없애고 통화 주권과 독립을 재확인하고 안정화를 가져오기 위해 새로운 통화 단위를 실행하는 것이다. 이런 맥락에서 파라과이 은행은 지폐와 동전에 새로운 디자인과 재료를 사용할 것이다. 새로운 통화 단위의 이름은 "과라니"로 사용할 것이다. 새로운 화폐는 1944년부터 유통된다(Espínola 2010: 36, 107).

과라니로의 화폐 개혁은 다른 라틴아메리카 국가 어느 곳에서도 볼 수 없는 강력한 민족주의 정책이라고 볼 수 있다. 화폐를 시작으로 과라니 문화의 공식화 혹은 제도화가 본격적으로 전개되었는데, 이러한 제도화는 교육과 학술 분야에서 활발히 일어났다. 이 같은 움직임은 과라니어 교육을 위한 학교와 학회의 설립으로 이어졌다. 베르토니(Bertoni)는 1942년에 과라니 문화·언어 학교(Academia de la Lengua y Cultura Guaraní)를 설립하였다(Cardozo 1996: 455). 1944년에는 아순시온 국립대학의 인문대학(Escuela Humanidad)에서 과라니어를 교육하기 시작하였다(Torres 1997, 7). 인문대학은 4년 후에 철학대학(Facultad Filosofía)으로 확대 개편하여 과라니어 교육을 유지하였다. 그리고 1950년에는 과라니 예술가·작가·시인 협회(Asociación de Poetas, Escritores y Artistas Guaraníes)가 조직되었다(Cardozo 1996: 455).

과라니어에 대한 관심은 국제회의를 통해 더욱 증폭되었다. 1950

년 우루과이의 수도인 몬테비데오에서 개최된 투피 과라니어 회의와 1953년 리우 데 자네이로의 국립박물관에서 개최된 브라질 인류학회가 대표적이며, 이 국제대회를 통해 파라과이 내부에서는 과라니어의 문화적 중요성을 한층 더 깊이 인식하게 되었다(Torres 1997). 이처럼 인디헤니스모로 인해 촉발된 과라니 문화에 대한 관심은 당시의 지식인들을 중심으로 표출되었다.

2) 군부독재정부의 등장과 민족주의 강화

파라과이는 삼국동맹전쟁과 차코 전쟁을 거치면서 정치적 불안정이 지속되었다. 냉전 이후에도 파라과이는 다른 남미 국가들과 마찬가지로 좌우대립으로 인한 혁명과 내전에 시달렸다. 이 같은 정치적 소용돌이에서 떠오르는 집단은 바로 군부였다. 파라과이 군부들 가운데 과라니로 화폐개혁을 했던 이히니오 모리니고는 무당파였으나 1947년 콜로라도당(Partido Colorado)과 손을 잡고 자유주의 및 사회주의 세력 연합을 상대로 1947년 내전에서 승리하게 된다. 당시 미국은 남미의 사회주의 세력 팽창에 골머리를 앓고 있던 터였다.

콜로라도당은 미국의 지원을 등에 업고 사회주의 세력을 축출한 후 정권을 잡게 된다. 파라과이 군부들 가운데 미국의 눈에 띤 스트로에스네르는 콜로라도당을 대표하여 1954년에 대통령에 취임하게 된다. 라틴아메리카에서 쿠바 다음으로 가장 긴 독재 정부가 집권한 순간이었다. 스트로에스네르는 1989년까지 35년간 군부독재 체제를 유지하였다.

군부독재정권의 특징 중의 하나는 국가에 대한 무비판적인 충성과 복종을 강요하는 것이다. 예외 없이 독재정부는 국가 중심의 이데올로기를 확산시키는 전략을 통해 정권을 유지하며, 그 수단으로 민족주의를 동원하게 된다. 파라과이도 예외는 아닌데, 스트로에스네르 정부는 과라니의 문화유산를 이용하여 애국주의를 확산하기 위해 노력하였다. 특히 스트로에스네르 정부는 애국주의 도구로써 과라니어를 장려하는데 부단한 노력을 기울었다.

과라니어가 민간 부분의 장려를 넘어 스페인어와 함께 공식적인 언어로써의 기틀을 다진 것도 바로 스트로에스네르(Stroessner)가 재집권을 추진하면서였다. 그는 과라니어에 대한 공식 교육이 가능하도록 헌법 수정안을 마련하였다. 비야그라(Villagra)는 스트로에스네르가 선거에서 승리하기 위해 과라니어를 '정치적인 목적'으로 사용했다고 분석하였다(Zuccolillo 2002, 103). 스트로에스네르의 과라니어 제도화는 국민들의 지지를 얻기 위한 수단이었다. 결국 그의 시도는 성공하였고 재집권을 위한 헌법 개정도 1967년에 이루어졌다.

스트로에스네르에 의해 과라니어는 국가 차원에서 처음으로 합법적인 언어로 인정을 받았다. 과라니어는 인디헤니스모의 영향으로 민간차원에서 장려되었지만, 정부 차원에서 과라니어를 제도화하면서 그 지위가 사뭇 달라졌다. 이는 과라니어가 일상 언어의 수준을 넘어 국가가 인정하는 언어로 전환된 것을 의미한다. 스트로에스네르 정부에서 실시한 과라니어 증진 정책들을 보면 다음과 같다.

[표 5-1] 과라니어 제도화 과정

시기	내용
1948	콜로라도당에 의해 중요성이 점차 부각되면서 과라니와의 관계가 점차 변화하기 시작함
1949	대학에 과라니어 강좌 개설
1956	수도의 국립 고등학교와 예술연극학교에서 과라니를 처음으로 가르치기 시작함. 초중등에서 과라니를 가르칠 수 있는 교사를 대학교에서 양성
1961	초중등과정에서 과라니를 가르칠 수 있도록 단기 과정으로 교사를 양성하기 위해 파라과이 과라니언어협회(Instituto de Lingüística Guaraní del Paraguay, IDELGUAP) 설립. 이 협회의 멘토는 언어학자인 데쿠드 라로사 박사(Dr. R.J .Decoud Larrosa)
1967	헌법에서 과라니를 스페인어와 함께 '국어(민족어)'로 인정. 8월 25일을 과라니어의 날로 선언
1971	과라니어 교육을 중등(7,8,9학년) 공식 교육 과정에 포함. 과라니 교육을 다양한 방법(세미나, 학술회의, 논문 발표, 텔레비전 및 라디오 프로그램, 교재, 팜플렛, 학술잡지 등)으로 촉진할 수 있도록 문화교육부(Ministerio de Educación y Culto, MEC)산하에 과라니 문화와 언어국을 신설
1972	아순시온국립대의 언어연구소에 과라니어 학사과정을 시작
1973	구(舊)파라과이국립교원대(Instituto Superior de Educación, ISE)의 교사양성 과목에 과라니어 교습법을 포함
1979	과라니어와 스페인어를 병기한 지폐를 처음으로 발행

(출처: Torres 2011: 117~119)

스트로에스네르의 소속당인 콜로라도당은 이전의 정부들과 달리 과라니어와 그 문화에 대해 전향적인 자세를 취하였다. 스트로에스네르도 콜로라도당이 취한 과라니어에 대한 태도를 그대로 이어 받아 차근차근 제도화하였다. 콜로라도당이 과라니어를 증진시킬 의무가 있었는데, 그것은 바로 그들의 주요 지지 세력이 가난한 농민과 원주민들이었기 때문이다.

콜로라도당과 스트로에스네르가 자유주의와 사회주의 세력 연합과의 큰 두 번의 내전60)에서 승리를 거둔 것은 미국의 지원도 절대

---

60) 두 내전은 1947년과 1959년에 벌어진 전쟁이다. 1947년 내전에서는 사회주의 및 자유주의 세

적이었지만 쁘난디(pynadi)[61]라고 불리는 콜로라도당의 지지 세력도 한 몫 하였다. 이들의 대부분은 가난한 농부들로 공교육을 받기 힘들었기 때문에 스페인어가 어눌했다.

콜로라도당의 지지 세력 특성상, 스트로에스네르는 과라니어 제도화와 공식화에 속도를 낼 수 밖에 없었다. 그 결과가 바로 1967년 헌법을 통해 과라니어를 스페인어와 함께 국어로 인정한 것이라 볼 수 있다. 이전까지만 하더라도 과라니어는 일상 언어였지만 스페인어와 같은 공식적인 지위를 부여받지 못했다. 그런 측면에서 과라니어를 헌법에서 인정했다는 것은 큰 의미를 지닌다. 또한 매년 8월25일을 과라니어의 날로 지정됨으로써 과라니어는 한층 더 국가를 상징하는 언어로 그 위상이 높아졌다.

3) '과라니 민족주의'의 특수성

스트로에스네르의 오랜 장기 집권에 대항하여 같은 당의 군인 출신인 안드레스 로드리게스(Andrés Rodríguez)가 쿠데타를 일으켜 1989년 대통령에 오른다. 스트로에스네르가 35년 동안 정권을 장악하면서 파라과이 내부에서는 정권 교체에 대한 열망이 불타오르고 있었다. 스트로에스네르를 지지했던 미국도 당시 라틴아메리카의 민주화 분위기에 편승하여 로드리게스를 지원하였다.

력 연합으로부터 승리하여 콜로라도당이 정권을 잡는 기틀을 마련하였다. 사회주의 세력 연합들은 패배 이후 아르헨티나와 우루과이 등 주변 국가로 망명을 떠났고 다시 내외국에서 세력을 규합하여 1959년 스트로에스네르 정권을 무너뜨리기 위해 공격을 감행했으나 사전에 정보가 유출되어 허무하게 패하게 된다. 이후 콜로라도당과 스트로에스네르의 독재체제는 아주 공고해졌다.

61) 쁘난디는 과라니어로 '맨발'이라는 뜻이다. 콜로라도지지 세력들의 민병대를 일컫는 말이기도 하다. 프난디는 콜로라도를 지지하는 민병대의 구성원들이 신발을 신을 수도 없는 가난한 사람들로 구성됐다는 것을 상징하는 용어이다.

로드리게스는 콜로라도당 출신이었지만, 국민들의 민주화에 대한 갈망으로 독재 체제를 청산하는데 힘을 기울였다. 로드리게스 정부는 정치적으로 분열된 상황을 극복하기 위해 통합의 기제를 마련하는 것이 필요했다. 이 같은 정책의 일환으로서 과라니어의 공용어 지정을 적극 검토하였다. 그 결과로 1992년 헌법을 개정하면서 과라니어를 스페인어와 같은 지위인 국가 공용어로 지정하였다. 1967년의 헌법은 과라니어가 민족의 언어라는 선언적인 의미가 강했다면, 1992년의 헌법은 과라니어를 스페인어와 동등하게 법적 지위를 보장받게 끔 한 것이다.

파라과이 독립 이후 과라니어가 내, 외부 지배 세력의 경향에 따라 배척당하기도하고 장려의 대상이 되기도 했지만, 공용어의 지위까지 오른 것은 민중들의 일상 언어로써 지속되었기 때문에 가능했다.

과라니어 공용어 지정 이후 정치가들은 과라니어를 인기영합주의 수단으로 적극 활용하고 있다. 이는 대중들에게 과라니어의 정서적인 측면을 빌어 민족 감정에 호소하는 것이다. 민족의 표상으로서 과라니어의 활용은 대통령을 비롯한 정치인 선거 유세나 방송 인터뷰에서 확연하게 드러난다. 정치인들은 자신들이 주장하는 중요한 대목을 말할 때 과라니어를 구사하여 대중들에게 호소함과 동시에 과라니 문화의 대표적 유산인 떼레레62)를 마신다. 파라과이 사람들은 이러한 정치인들의 행위를 통해 문화적 동질감을 느낀다.

---

62) 떼레레(tereré)는 파라과이의 전통차의 일종으로 아주 차갑게 해서 여름에 마신다. 마시는 법은 소뿔이나 나무, 은으로 만든 괌빠(guampa)라 불리는 컵에 봄비야(bombilla)라 불리는 빨대를 꽂은 후 예르바(yerba)를 넣어 얼음물을 부어 빨아먹는다. 특정적인 것은 친구나 가족끼리 하나의 봄비야를 돌려서 마시면서 친교를 나눈다. 이와 비슷한 마떼(mate)는 겨울에 뜨겁게 해서 마시는 차로서 아르헨티나와 브라질 서남부지역에서도 마신다.

과라니어 구사와 테레레 마시기는 남녀노소, 계층에 관계 없는 대중적 행위이자 파라과이 사람들만 할 수 있는 행동이기 때문이다.

정부의 과라니어 활용은 언론에서도 두드러진다. 니카노르 두아르테[63] 정부 시기에는 파라과이의 주요 방송인 채널인 4번과 9번[64]에는 한국의 '공익광고'와 유사한 국가홍보 광고가 끊임없이 흘러나왔다. '공익광고'의 마지막 장면에는 "냐모 뿌아 빠라과이 (ñamo puá paraguay)"라는 과라니어 자막과 함께 큼직한 파라과이 국기가 광고의 마지막을 장식하였다. 이 과라니어의 내용은 "파라과이를 일으켜 세우자"라는 의미로서 고속도로 톨게이트와 각종 공공 서비스 기관 등 곳곳에 붙어 있었다. 이는 당시 신자유주의가 한창일 때 경제 위기를 극복하자는 캠페인으로써 민족적 감성을 일깨우기 위한 정치 전략이었다. 이처럼 과라니어는 국가 공식어 지정 이후 일상의 차원을 넘어 정치적 차원에서 민족주의를 표상하는 기제로 활용되고 있다.

다만, 파라과이의 '과라니 민족주의'는 라틴아메리카에서 독특한 위상을 지니고 있다. 먼저 인근 국가인 브라질과 아르헨티나, 우루과이와 비교해보면, 파라과이는 근대국가 형성과정에서 원주민, 즉 과라니의 통합 과정이 유난히 두드러지게 나타난다. 아르헨티나와 우루과이가 독립 이후 백호주의를 통해 원주민을 배척하면서 '백인 민족주의'가 강하게 나타났다면, 브라질은 흑인에 기반을 둔 '흑인 민족주의'가 강하다고 볼 수 있다. 파라과이처럼 '원주민 민족주의'

---

63) 니카노르 두아르테 푸루토스(Nicanor Duarte Furutos)은 2003년부터 5년간 대통령으로 재임하였다.

64) 채널 4번의 방송사 이름은 텔레푸투로(Telefuturo)이며, 채널 9번의 방송사 이름은 SNT 쎄로 꼬라(SNT Cerro Corá)이다.

가 강한 국가들은 남미 남부지역 국가에서 찾기가 힘들다.

오히려 파라과이 민족주의 유형은 원주민들이 많은 국가인 멕시코와 페루 등과 유사하다고 볼 수 있다. 멕시코와 페루도 독립 이후 다양한 인종을 통합하고자 해당 지역의 원주민을 대표하는 아즈텍과 잉카의 정체성을 통해 민족주의를 확산시켰다. 그러나 파라과이는 멕시코, 페루 등과는 또 다른 민족주의 양상을 보인다. 예컨대 멕시코와 페루는 이미 식민시기에 파괴되고 사라진 아즈텍과 잉카의 문화적 상징이나 역사를 차용하여 민족주의의 도구로 활용한 반면에, 파라과이는 '죽은 문화'를 일방적으로 차용한 것이 아니라 '살아 있는 문화'로써 과라니 문화가 민족주의의 도구로 활용되고있다.

앞서 언급한 바대로 파라과이는 식민 시기부터 근대국가 형성 단계에 이르기까지 모든 계층에서 과라니어와 문화가 자연스럽게 남아있다. 그 증거 중의 하나가 바로 파라과이에서는 모두가 과라니어를 사용한다는 점이다. 이는 라틴아메리카에서 유일하다. 일반적으로 라틴아메리카의 각 국가에서 원주민 언어를 구사하는 화자는 원주민들 밖에 없다. 하지만 파라과이에서는 정도의 차이는 있지만 크리오요와 메스티소를 비롯하여 모든 사람들이 과라니어를 구사한다. 이는 타 라틴아메리카의 국가와 파라과이의 민족주의의 차이를 확실하게 보여주는 요소라 할 수 있다.

파라과이가 인구 구성상으로 메스티소 중심의 국가임에도 불구하고 라틴아메리카에서 원주민들의 비율이 높은 국가들 이상으로 과라니 문화가 대중적으로 일상에서 자리 잡고 있는 모습은 파라과이 민족주의 특수성을 가장 잘 보여주는 것이라 할 수 있다.

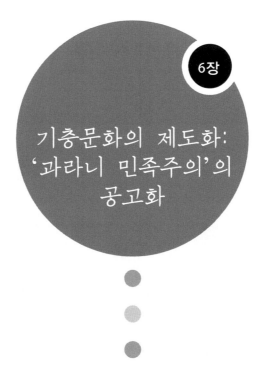

6장

기층문화의 제도화:
'과라니 민족주의'의
공고화

1. 페르난도 루고 정부와 '과라니 민족주의'
2. 과라니 문화유산을 둘러싼 '문화적 국경'
   긋기

파라과이의 20세기 민족주의는 인디헤니스모에 의한 과라니 문화부흥 운동과 군부독재정부에 의한 과라니 문화 장려 정책으로 요약할 수 있다. 이러한 분위기는 1980년대를 기점으로 등장한 신자유주의와 초국가주의의 영향에 의해 약화되는 듯 보였다. 이 시기의 라틴아메리카의 국가들은 자유무역 시스템에 조응하여 국가 간의 경계를 허물고 정치경제 공동체65)를 앞 다투어 출범하게 된다. 그러나 라틴아메리카 각 국가들은 정치경제적 불안정을 겪으면서 신자유주의와 자유무역 기조를 폐기하는 국가들이 늘어나게 되었고, 오히려 민족주의 열풍이 불게 된다.

이 같은 민족주의는 소위 반제국주의(반미)를 기치로 한 좌파정부들에 의해 주도되었으며, 그에 대응하고자 자원민족주의와 복수민족주의가 등장하게 되었다. 신자유주의를 지향하던 라틴아메리카 각 국가들은 통화 불안으로 국가부도 위기를 맞기도 했으며 자유무역으로 인한 시장 개방으로 부의 불균형이 가속화되었다.

이에 반대급부로 등장한 좌파 정부들은 이 시기에 발생한 사회적 갈등과 불평등 문제를 민족주의로 타개하고자 하였다. 이 정부들은 가장 먼저 다국적 기업과 민간 기업이 장악하고 있던 자원을 국유화하고 보호 무역을 강화하면서 소위 경제 주권을 지키고자 하였고, 이러한 경향은 자원민족주의로 이어졌다. 파라과이가 속한 남미공동시장의 경우만 하더라도 아르헨티나는 자국의 경제를 위해 국유화와 보호무역강화를 공식적으로 천명하였다.66) 파라과이도 마

---

65) 이러한 경제 통합체로는 1993년의 중미통합체제(SICA), 1995년의 카리브국가연합(ACS)과 남미공동시장(Mercosur) 등이 있다. 또한 북미자유무역협정(NAFTA)도 1994년에 체결되었다.
66) 남미공동시장(Mercosur) 회원국들은 2012년 6월 22일에 발생한 루고 대통령의 탄핵 과정을 반민주적인 절차로 규정하여 파라과이의 회원국 지위를 2013년 4월까지 정지하였다.

찬가지였는데, 루고 대통령은 인근 국가에 공급하는 전력의 '제값 받기'를 취임 당시부터 중점 정책으로 추진하였다.

이는 비단 정치·경제뿐만 아니라 사회문화적인 영역으로 퍼져 갔다. 예를 들어 볼리비아가 코카콜라의 판매를 금지하고 자국에서 생산된 코카 잎 음료만 유통되게 한 것은 바로 이러한 현상을 반영하는 것이다. 또한 좌파 정부들은 자국에서 전승된 원주민 문화와 전통을 통해 신자유주의에 대응하고자 민족 정체성을 끌어낼 수 있는 모티브를 정책적으로 제도화하였다.

더 나아가 원주민의 비율이 높은 국가들은 자국의 문화적 다양성을 확보하고 유지 계승하고자 개별 원주민들의 언어와 문화의 계승과 활성화를 위해 법제화하였다. 복수민족주의(plurinacionalismo)는 한 국가 내에 다수 종족의 법적·문화적 권리를 국가에서 보장해주는 것으로 그들의 언어와 문화 등의 정체성을 보호하는 것이다. 이는 20세기 초의 인디헤니스모와 달리 원주민의 자치권을 보장해주며, 그들의 삶과 행동이 사(死)문화 되지 않고 자생력을 지닐 수 있도록 지원하고 있다.

과거의 민족주의가 국가 중심의 일원화 된 민족주의라면, 복수민족주의는 종족별로 다원화된 민족주의이다. 이런 측면에서 복수민족주의는 기존의 민족주의를 약화시키는 것으로 보일 수 있으나, 실제로는 기존의 민족주의 강화하는 수단으로서 각 종족들의 통합을 추구하는 행위로 나타나고 있다. 복수민족주의는 다수의 종족들을 인정함으로써 국가에 대한 '충성'을 기대할 수 있음과 동시에 그들의 정체성과 문화를 자원화 할 수 있기에 국가통합을 더욱 강화하는데 도움을 준다. 이러한 민족주의 강화 현상은 글로벌에서

로컬로의 회귀라 볼 수 있다.

이렇듯 라틴아메리카에서는 자원민족주의와 복수민족주의, 그 밖의 원주민 문화를 바탕으로 나타나는 다양한 민족주의 정책 등, 이같은 현상들은 민족주의의 붐이라고 해도 과언은 아니다. 이는 '21세기 라틴아메리카 민족주의'의 특징으로 봐도 무방할 것이다.

파라과이에서도 과라니 문화를 통한 민족주의의 일상화 과정은 21세기 이후 강하게 나타나고 있다. 특히 파라과이 역사상 최초의 문민 좌파 정부인 페르난도 루고(Fernando Lugo)[67] 정부의 등장과 함께 거세게 불고 있다. 정부와 의회의 과라니 문화 장려 정책은 기층문화를 일상 영역에서 공적 영역으로 전환하는 작업으로써 타자로부터 '문화적 경계'를 강화하는 행위라 볼 수 있다.

---

67) 페르난도 루고(Fernando Lugo)의 당선은 파라과이 역사에서 획기적인 사건이었다. 루고는 61년 만에 정권교체를 이루었으며 파라과이 최초의 문민 좌파 정권(파라과이 최초의 좌파 성향 정부는 1936-1937년 집권한 2월 혁명당(Partido Revolucionario Febrerista)의 라파엘 프랑코(Rafael Franco) 장군 집권 시기)을 수립하였다. 또한 정치사적 의미를 떠나 가톨릭 사제 출신이 대통령이 당선된 것도 하나의 이슈가 되었다. 또한 루고는 농지개혁과 빈곤 퇴치를 위한 정책을 추진했으며, 이타이푸댐(Itaipú)과 자시레타(Yacyretá)댐에서 생산되는 전기를 수입하던 브라질과 아르헨티나에 전력 단가 인상을 요구하였다.

1

페르난도 루고 정부와
'과라니 민족주의'

    페르난도 루고 정부는 21세기 이후 라틴아메리카의 정치적 흐름에 조응하여 정책적으로 민족주의를 강화하였는데, 이를 위해 동원한 것이 바로 과라니 문화이다. 루고 정부가 민족주의 정책에 동원한 대표적인 과라니 문화 요소들은 바로 과라니어와 테레레(tereré), 민속 음악인 과라니아(guarania), 그것을 연주하는 악기인 파라과이 하프(arpa paraguaya)를 꼽을 수 있다. 루고 정부는 과라니 문화에 바탕을 둔 총 네 개의 유·무형 문화유산에 대한 보존과 관리를 위해 국가적 차원에서 지원을 확대하였다.

    루고는 그의 별명인 '빈자의 아버지'답게 주요 지지층이 가난한 농민과 원주민이었기에 과라니 문화에 대한 애착이 남달랐다. 또한 루고 정부는 라틴아메리카에게 거세게 불던 '좌파 민족주주의' 경향에 편승하여 파라과이 민족주의를 강화할 도구로써 과라니 문화를 적극적으로 활용하였다. 게다가 외교적으로는 주변 강국인 브라질과 아르헨티나와 대등한 관계를 수립하기를 원했기에 내부 통합 수단으로도 과라니 문화가 꽤 쓸모 있는 도구였다. 또한 독립 200

주년이라는 시기적 특수성은 한층 더 민족주의 정책에 탄력을 부여하였다.

이러한 대내외적인 환경은 인디헤니모스 시기부터 이어진 '과라니 민족주의' 만들기가 한층 더 힘을 받을 수 있었다. 이에 대한 실천으로서 내부적으로는 과라니 문화를 법제화하여 국가와 정부가 보호해야 할 문화유산으로 지정하였다. 국외적으로는 파라과이 정부가 과라니의 문화유산이 파라과이 고유의 문화라는 것을 입증하는데 주력하고 있다.

구체적으로 파라과이 정부는 과라니어의 국제적 공인과 보존을 위한 법제화를 추진하였다. 앞서 언급한 것처럼, 과라니어의 경우는 이미 1967년에 국어(idioma nacional)로 인정되었고 과라니어의 날(Día del idioma Guaraní)로 지정되었다. 1992년에는 스페인어와 동등하게 과라니어가 공용어(lengua oficial)로 헌법상에 명시되었다. 파라과이는 주변 국들로부터 과라니어에 대한 소유권을 명확히 주장하기 위해 남미공동시장에 공식 언어 지정을 요청하였다. 그 결과 2009년에 과라니어는 스페인어와 포르투갈어와 함께 남미공동시장의 공식어가 되었다. 2010년에는 파라과이 의회에서 "언어법(Ley de Lenguas)"을 제정하여 과라니어을 체계적으로 관리할 수 있는 정부기관을 설립하였다.

파라과이 정부의 과라니 문화유산 법제화는 언어에만 그치지 않고 음료와 음악 등 일상 문화 영역으로 확대하였다. 그 중 하나인 테레레(tereré)는 파라과이의 전통 음료로서 과라니 원주민이 즐겨 마시던 마테(mate)에서 기원한 것이다. 테레레는 마테와 거의 유사하지만 차가운 물로 마시는 특징이 있다. 마테는 파라과이를 비롯하여 아르헨티나와 우루과이, 브라질 남부지역에서 음용하지만 테레레는 유일하게 파라과이에서만 마신다. 테레레 법(Ley de Tereré)은 파라과이 의회에서 2010년 1월에 통과되었고, 매년 2월의 마지막 주 토요일은 테레레의 날(Día Nacional de Tereré)로 지정되었다. 또한 같은 해 6월에는 민족 음악의 상징으로써 파라과이 하프와 과라니아를 보호하는 법안이 통과되었다.

루고 정부는 과라니어와 테레레, 파라과이 하프, 과라니아 등, 일상영역의 과라니 문화를 제도화하고 국가적 차원으로 격상시킴으로써 시민들이 다시금 일상의 문화를 재평가하는 기회를 갖게 하였다. 이는 '파라과요(paraguayo)'[68]의 정체성의 근원을 국가가 보증해 줌으로써 자기들의 문화였지만 한편으로 부끄럽기도 했던 과라니 정체성에 대한 가려운 곳을 긁어준 것이라 볼 수 있다.

1) 과라니어

과라니어는 식민시기 파라과이 지방부터 근대국가 수립 이후에도 일상 언어의 지위를 누려왔다. 그러나 과라니어는 일상 언어였지만 스페인어와 대비되어 원주민의 언어, 어머니의 언어, 가난한 자의 언어, 힘없는 자의 언어, 비공적인 언어, 촌스러운 언어, 무식한자들의 언어, 전근대적인 언어라는 이미지가 강했던 것이 사실이다. 이러한 일상의 언어였지만 실상 천대받기도 했던 과라니어의 위상은 1967년 국가에서 공식적인 국어의 지위를 부여받으면서 조금씩 변화되기 시작했다. 이때부터 과라니어는 가정 내에서 혹은 친한 친구끼리 쓰는 언어에서 교육과 문서, 공식적 기록에서도 사

---

68) 파라과요는 현지에서 파라과이 사람을 일컫는 단어이다.

용되는 언어, 특히 자랑스러운 민족의 언어라는 이미지로 탈바꿈하기 시작했다.

과라니어가 파라과이 사람들의 정체성을 이어주는 언어임은 일상의 곳곳에서 나타난다. 저자가 2013년 7월 파라과이에 현지조사를 갔을 때, 파라과이 경찰로부터 불심 검문을 당한 일이 있었다. 그때 저자는 현지의 한인 청년이 운전하는 차에 동승하고 있었다. 파라과이 경찰들은 한국인들이 운전하는 차량에 대해 가끔 표적 단속을 한다. 그 이유는 이민 1세대들이 스페인어가 유창하지 않아 경찰이 말을 걸면 논리적으로 따지기 보다는 그 상황을 모면하기 위해 돈을 주고 해결하는 경우가 많았기 때문이다.

그러나 동승한 운전자는 현지에서 대학까지 나온 한인 청년이었다. 그 청년은 유창하게 스페인어로 경찰에게 불합리함을 지적하자, 현지 경찰들은 그때부터 서로 과라니어를 쓰기 시작했다.

파라과이 사람들은 스페인어를 어느 정도 구사하는 외국인들이 곁에 있으며 그들끼리 비밀스러운 이야기를 할 때 과라니어로 대화하는 경우가 종종 있다. 그 청년은 이미 그런 경우를 수차례 겪은 터라 경찰관에게 과라니어를 쓰지 말고 스페인어 사용하라고 다그쳤다. 그러자 경찰은 과라니어가 국가 공용어이기 때문에 아무런 문제가 되지 않는다고 대응하였다. 외국인의 입장에서 봤을 때는 파라과이 경찰들이 외국인을 배려하여 스페인어를 쓰거나 불합리한 일을 당하지 않게 해당 국적의 통역관을 붙여주는 것이 상식적이다. 하지만 파라과이 경찰들은 한국인을 검문한 행위가 금품을 받기 위해 취한 함정 수사였기 때문에 그들 스스로가 잘못을 인정할 수 없었던 것이다.

이처럼 과라니어는 파라과이 사람과 타자를 명확하게 구분할 수 있는 문화적 도구이다. 로살도(1994)의 표현에 빗대어 설명하자면, 과라니어는 파라과이 사람들에게 있어 '문화적 시민권'인 셈이다. 파라과이 사람들이 스스로를 구별하던 문화적 장치였던 과라니어는 점차 제도화를 통해 국가 공용어로써의 지위를 갖는 과정을 거쳤다. 그 제도화는 1967년 헌법 개정부터 시작하여 1992년 헌법 개정으로 이어졌다. 아래의 내용은 1992년에 공표된 헌법 140조에 의거하여 과라니를 공용어로 지정한 것을 담고 있다.

ARTÍCULO 140 – DE LOS IDIOMAS[69]

El Paraguay es un país pluricultural y bilingüe. Son idiomas oficiales el castellano y el guaraní. La ley establecerá las modalidades de utilización de uno y otro. Las lenguas indígenas, así como las de otras minorías, forman parte del patrimonio cultural de la Nación

140조 – 언어에 대해서
파라과이는 복수 문화 및 이중 언어 국가이다. 과라니어와 스페인어는 공용어이다. 이 법은 다른 언어의 사용에 대한 방식도 포함한다. 원주민들의 언어, 그와 유사한 다른 소수 언어들도 국가 문화유산의 일부분이다.

물론 이전에 스트로에스네르 정부가 민족 언어로 공표하고 과라니어의 날을 만들었지만, 과라니어가 공용어로 지정되지는 않았다. 실제로 과라니어는 일상생활에 광범위하게 사용되었지만, 1992년

---

69) 출처: 파라과이 문화청

까지 공용어로써의 법적 지위는 없었다. 이는 국가의 공적인 자료를 반드시 과라니어로 문서화 할 필요가 없었다는 뜻이다. 그러나 1992년 헌법 개정 이후에는 과라니어가 스페인어와 함께 공용어로 지정되면서 과라니어가 국가의 모든 공식 기록에 공통적으로 사용되어야 한다는 의무를 가지게 되었다. 또한 과라니어는 국가의 공식교육과정에서 의무적으로 배워야하는 교과목으로 인정되었다. 이는 과라니어가 사적인 영역에서 공적인 영역, 즉 완전하게 제도적인 영역으로 넘어왔다는 것을 의미한다.

　이러한 과라니어의 제도화는 루고 대통령이 집권하면서 더욱 정교하고 세밀하게 추진되었다. 파라과이 의회에서는 2010년 12월 29일에 언어법(Ley de Lenguas)를 공표하였다. 언어법은 헌법에서 규정한 과라니어의 공식 지위가 명문화에 그치지 않도록 구체적인 시행 내용을 담고 있다.

Ley Nº 4251 / De Lenguas[70]
법률 4251 / 언어들

Art. 1º.- Objeto. (1조.-목적.)
La presente ley tiene por objeto establecer las modalidades de utilización de las lenguas oficiales de la República; disponer las medidas adecuadas para promover y garantizar el uso de las lenguas indígenas del Paraguay y asegurar el respeto de la comunicación visogestual o lenguas de señas. A tal efecto, crea la estructura organizativa necesaria para el desarrollo de la política lingüística nacional. (본 법은 공화국의 공용어들의

---

70) 출처: 파라과이 국회도서관

사용법을 정립하고자 하는 목적을 가진다. 파라과이 원주민 언어의 사용을 촉진하고 보장할 수 있는 적절한 방안을 확보하고 그와 관련된 의사소통을 존중하고 보장할 수 있기 위한 것이다. 그 결과를 위해, 국가의 언어정책 발전을 위한 필요한 조직적 구조를 만들 것이다)

Art. 2º.- De la pluriculturalidad. (2조.-복수문화성.)
El Estado paraguayo deberá salvaguardar su carácter pluricultural y bilingüe, velando por la promoción y el desarrollo de las dos lenguas oficiales y la preservación y promoción de las lenguas y culturas indígenas. El Estado deberá apoyar a los esfuerzos para asegurar el uso de dichas lenguas en todas sus funciones sociales y velará por el respeto a las otras lenguas utilizadas por las diversas comunidades culturales en el país. (파라과이 정부는 두 공용어의 장려와 발전을 통해, 또한 원주민들의 언어와 문화 보전과 촉진을 통해, 복수 문화적이며 두 개의 언어를 보유한 파라과이의 특성을 보존하여야 할 것이다. 정부는 언급한 언어들의 사용을 보장할 수 있는 모든 노력을 사회의 각 기능에서 지원해야할 것이며 나라 안의 서로 다른 문화 공동체에서 사용하는 다른 언어들을 존중하도록 감시할 것이다.)

Art. 3º.-De las lenguas oficiales. (3조.-공식 언어들에 대해.)
Las lenguas oficiales de la República tendrán vigencia y uso en los tres Poderes del Estado y en todas las instituciones públicas. El idioma guaraní deberá ser objeto de especial atención por parte del Estado, como signo de la identidad cultural de la nación, instrumento de cohesión nacional y medio de comunicación de la mayoría de la población paraguaya.(공화국의 공용어들은 국가의 삼권체제와 모든 공공기관에서 그 유효성과 사용을 인정받는다. 과라니어는 정부가

심혈을 기울여 국가의 문화적 정체성의 상징으로, 국가 통합의 도구로써 그리고 파라과이의 다수 인구의 의사소통방식으로 보전할 것이다.)

(중략)

Art. 8º.- Del valor jurídico de las expresiones. (8조.-표현의 법적 가치에 대해.)
Las declaraciones ante cualquier autoridad y los documentos públicos y privados producen los mismos efectos jurídicos si se expresan total o parcialmente en cualquiera de los idiomas oficiales. Cuando el lenguaje utilizado sea visogestual o lengua de señas, su transcripción para uso oficial se hará en el idioma oficial que se considere pertinente para el caso.(어떤 권위 앞에서의 선언과 공공문서 내지는 사적문서가 그 내용의 일부나 혹은 전체가 파라과이가 인정하는 공용어들로 쓰였다면 동일한 법적 효력을 지닌다. 몸짓언어나 수화가 사용되는 경우, 그 언어를 기입할 때는 각 경우에 맞게 타당한 공용어들을 사용해야 한다.)

언어법에서는 헌법 정신을 이어받아 파라과이가 다수의 원주민 종족을 포괄하는 복수민족 국가라는 것과 함께, 공식 언어는 스페인어와 과라니어임을 밝히고 있다. 여기서 주목할 부분은 3조에서 언급된 국가 문화적 정체성의 상징으로써 과라니어 대한 별도의 언급이다. 사실 언어법은 과라니어에 대한 법이라 볼 수 있다.

언어법 8조에서 지적하듯, 과라니어가 모든 문서에서 법적 효력을 가짐으로써 제도적 강제력을 갖게 되었다. 실제로 과라니는 구어의 이미지가 강하였다. 과라니의 이러한 이미지는 문서로서 효력을 가지지 않는 언어 혹은 비공식적 영역의 언어로 치부되는 결과를 낳았다. 이처럼 언어법 8조는 과라니어에 대한 공공부문과 사적 부문의 문서에 있어 실질적인 법적인 강제력과 효력을 부여함으로서 구어로써의 과라니가 문어로써의 과라니로 확장되는 것을 명시하고 있다.

이러한 내용에 대한 실천을 담보 할 수 있도록 장관급 정부 기구인 언어청(Secretaría de Políticas Lingüísticas)이 설립되었다. 이 기관은 과라니어와 관련된 모든 행정적인 측면을 담당하며, 언어청 산하에 한국의 국립국어원과 유사한 조직인 과라니어 아카데미(Academia de la Lengua Guarani)를 두어 과라니의 표준화와 사전 출간 등의 학술적인 부분을 담당하도록 하였다.

언어법 9조 부터는 직장과 공공기관, 정보통신매체 등 일상에서 개인이 맞닥뜨릴 수 있는 상황에 대한 법적 권리를 명시하고 있다.

Art. 9º.- De los derechos lingüísticos individuales:
(9조.-개인의 언어 권리에 대해)
Todos los habitantes de la República tienen derecho a:
(공화국의 모든 거주인들은 다음의 권리를 가진다.)

1.- Conocer y usar las dos lenguas oficiales, tanto en forma oral como escrita, y a comunicarse con los funcionarios públicos en general en una de ellas. Los ciudadanos indígenas tienen además el derecho a conocer y usar su lengua propia. (1.- 두 공용어를 말과 글의 형태로 배우고 사용한다. 그리고 공무원들과의 의사소통에서도 일반적으로 두 공용어 중에 하나를 사용한다. 원주민 시민들은 그들 고유의 언어를 익히고 사용할 권리 또한 더불어 가진다.)

2.- Recibir información en su lengua, de parte de los emp

leadores privados, en los temas laborales y administrativos de interés general. (2.- 노동과 관련하여 그리고 모든 분야의 행정에 관련하여 사적 고용주로부터 자신의 언어로 정보를 취득한다.)

3.- Recibir información oficial en guaraní y en castellano a través de los medios de comunicación del Estado o de los medios de comunicación privados que emitieren información oficial del Estado. (3.- 정부의 통신매체를 통해, 혹은 정부의 공식 정보를 다루는 사적 통신 매체를 통해, 공식 정보를 과라니어로, 그리고 스페인어로 받을 수 있다.)

4.- No ser discriminado por razón de la lengua utilizada.(4.- 사용하는 언어로 인해 차별을 받지 않는다.)

5.- Utilizar cualquiera de las dos lenguas oficiales ante la administración de justicia y que sus declaraciones sean transcriptas en la lengua elegida sin mediar traducción alguna. La persona usuaria de otra lengua tiene derecho a ser asistida en juicio por personas que conozcan su idioma. (5.- 법 행정에 있어서 공식 언어 둘 중 아무거나 사용 가능하며, 선언문 등을 문서로 작성할 때 번역 없이 두 공용어 중 하나를 선택하여 작성할 수 있다. 다른 언어를 사용하는 사람은 법 행정 절차 진행에서 그 언어를 아는 누군가가 그 사람을 책임지도록 한다.)

또한 언어법은 과라니어가 가족 혹은 친소관계에서 사용하는 비공식언어에서 정부와 기업 등에서 사용하는 공식적 영역으로의 전환을 명문화하고 있다. 언어법 7조 1항은 공무원들이 민원인을 대할 때 공용어인 스페인어와 과라니어 두 개의 언어 중 그 상황에 따라 하나로 선택해서 응대해야 함을 제시하고 있다. 또한 7조 2항에서는 기업 및 소상공업 등의 사업체에서도 노동법 및 행정과 관련하여 과라니어로 정보를 얻을 수 있음을 명기하고 있다. 그리고 정부와 관련된 통신매체 혹은 정부의 정보를 다루는 사적 매체는 과라니어 사용자가 공적 정보에서 배제되지 않도록 과라니어로 알릴 것을 명시한 것이다.

이런 부분은 과라니어 중심의 화자나 원주민들이 국가의 주요 시행령이나 법률 정보를 획득할 수 있도록 배려한 것이다. 또한 국가에서 제공하는 공공서비스 정보 포함된다. 예를 들어 파라과이에서 많이 발병되는 뎅게열과 지카 바이러스, 그리고 치쿤구니야 등의 전염병과 관련된 예방 및 치료 정보의 전달 등이 여기에 속한다. 이 같은 공적영역에서의 과라니어 병기는 파라과이 공공기관에서도 쉽게 찾아 볼 수 있다.

(출처: 저자 촬영, 2019년)

[그림 6-1] 아순시온 공항의 과라니어, 영어, 스페인어 혼용 표기

언어법 7조 5항에서 적시한 것처럼 공적인 영역에서 과라니어 사용을 확실하게 보장하기 위해, 공공기관에서는 번역 없이 스페인

어와 과라니어 중 하나의 언어만 사용하여도 행정 서류와 절차가 이루어질 수 있게 법제화 하였다. 파라과이 공공기관의 홈페이지나 관련 서류, 안내표지판에는 스페인어와 과라니어를 함께 병기하고 있다. [그림 6-1]에서도 공항 입국 심사대 위 표지판에 과라니어가 영어, 스페인어와 함께 병기된 것을 볼 수 있다.

언어법 10조에서는 과라니어 교육 의무와 권리, 방송통신매체에서의 과라니어 방송 규정에 대해 언급하고 있다.

Art. 10.- Derechos lingüísticos colectivos nacionales.
(10조.- 국가의 모든 언어 권리에 대해.)
Son derechos lingüísticos de la comunidad nacional:
(국가 공동체의 언어적 권리들:)

1.- Contar con un plan de educación bilingüe guaraní – castellano en todo el sistema de educación nacional, desde la educación inicial hasta la superior, y con planes diferenciados para los pueblos indígenas. (1.- 유치원부터 대학까지 전 교육 과정에서 과라니어-스페인어 이중언어교육을 실시하며 원주민들을 위해서는 다른 교육 계획을 수립한다.)

2.- Tener disponibles los servicios del Estado en las dos lenguas oficiales. (2.- 국가 서비스를 제공할 때 두 공용어를 사용해야 한다.)

3.- Tener la presencia equitativa de las lenguas guaraní y castellana en los medios de comunicación del Estado y en los programas oficiales emitidos por medios privados de comuni cación. (3.- 공적 미디어와 사적 미디어의 공공 프로그램에서

과라니어와 스페인어를 균형 있게 사용해야 한다.)

4.- Contar con servicios informativos estatales y señalizaciones, en ambas lenguas oficiales. (4.- 국가정보 및 신호 서비스에 두 공용어를 포함한다.)

언어법 10조는 공식 교육과정에 이중 언어교육을 정확히 명시하고 있다. 이는 과라니어가 스페인어와 함께 초등학교부터 고등학교까지 공식 교과에 포함되는 것을 말한다. 과라니어는 '가정 혹은 친구들' 사이 혹은 직장동료들 간의 친교언어로써 비공식적인 성격이 강했다. 또한 파라과이 사람들은 과라니어를 '진정한 모국어'라 부른다. 왜냐하면 과라니어는 태어나서 집에서 어머니로부터 가장 먼저 배우기 때문이다. 현지에서 학령기 이전의 아이들과 대화를 하면, 아이들이 스페인어로 말을 하지 못하고 과라니어만 구사하는 경우가 꽤 있다. 그 이유는 가정에서 과라니어를 주로 사용해서 과라니어가 훨씬 익숙하기 때문이다. 이런 경우는 아이들이 학교에 가서야 제대로 스페인어를 배우기 시작한다.

언어법에 의해 공식 교육에 의무적으로 과라니어 교육이 포함된 것은 과라니어가 비로소 사적 교육의 장(場)에서 공적 교육의 장(場)으로 나온 것을 의미한다. 파라과이의 교육제도(Ruiz 2020: 1970)[71]는 시작(educación inicial)과 기본 및 중간(educación basica y media), 고등(educación superior) 세 단계로 구분된다. 시작 단계는 45일부터 5세에 해당하는 영유아들에 대한 교육이다. 기본 및 중간 단계는

---

71) 파라과이 교육제도에 대한 내용은 Ruiz, Guillermo 2020, El derecho a la educación: Definiciones, normativas y políticas públicas revisadas, Buenos Aires: Eudeba를 참고하였다.

6세에서 17세까지로 초·중·고등학교에 해당된다. 기본은 6세부터 14세까지로 초·중등과정이며, 중간은 15세부터 17세까지로 고등학교 과정이다. 마지막으로 고등 단계는 대학교에 준한다.

파라과이에서는 대학 이전까지 총 12년 간 수학한다. 파라과이의 초등교육(Escuela primaria)기간은 6년이며, 중·고등교육(Escuela segundaria/Colegio)기간은 각각 3년으로 총 6년이다. 의무교육은 초·중등 포함해서 총 9년이다. 과라니어가 의무교육에 포함되었기 때문에 모든 파라과이 사람들은 기본적으로 과라니어를 공식 교육의 장에서 배워야한다. 즉 과라니어의 법제화와 제도화 과정은 파라과이 사람들로 하여금 과라니가 공적 언어로 이미지가 바뀌는 계기를 마련하였다.

언어법 10항 3조에 언급된 것처럼, 방송이나 미디어에서도 과라니는 의무적으로 사용해야 한다. 파라과이에서는 뉴스 앵커와 기자가 인터뷰 대상자나 화자에 따라 스페인어와 과라니어를 자유자재로 구사한다. 또한 텔레비전과 라디오에서는 과라니어 프로그램을 제작하여 방송하기도 한다.

언어법에는 과라니어가 국내뿐만 아니라 대외적인 언어로써의 위상을 갖도록 명시되어있다. 특히 브라질과 아르헨티나 등 파라과이 인근 국가들의 지방정부가 과라니어를 비롯하여 관련 문화유산을 자원화하려는 움직임을 보이자, 파라과이 정부는 과라니어를 대내외적으로 자신들의 문화유산임을 알리고자 하였다. 그 결과로 2006년 남미공동시장의 공용어로 과라니가 지정되었다. 여기에 그치지 않고 루고 정부는 그 이듬해 언어법 4조에 과라니어가 초국가 조직의 언어로써의 위상을 가질 수 있도록 명기하였다.

Art. 4º.- El guaraní en las organizaciones supranacionales.
(4조.-초국가 조직의 과라니어)

El Estado promoverá el reconocimiento del guaraní como
lengua oficial de las organizaciones supranacionales que
integre. (정부는 과라니어가 초국가 조직의 공용어로 인식되도
록 장려해야 한다.)

언어법을 통한 루고 정부의 과라니어 공식화 과정은 소위 20세
기 근대 국가에서 추진했던 민족주의 정책과는 차이를 보이고 있
다. 근대 국가에서의 민족주의는 일방적인 국가 통합의 형태를 보
였다면, 복수민족주의를 채택한 최근의 라틴아메리카와 파라과이의
경우는 사회구성원들의 다양성을 인정함으로써 국가 통합을 강화하
고 있다.

예를 들어 파라과이의 복수민족주의는 다수의 원주민과 종족들
의 권리를 보호하고 존중함을 명시하고 있지만, 결국 언어법은 '과
라니 민족주의'에 집중되어 있는 것을 알 수 있다. 즉 복수민족주
의는 사회적 소수자와 구성원들의 다양성을 견지하고 있지만, 그것
은 또 다른 하나의 주류 문화인 과라니의 정체성을 부각하고자 하
는 구실에 지나지 않는다. 이는 국민국가 강화를 위한 민족주의가
더욱 정교해졌음을 알 수 있다.

이와 같은 루고 정부의 민족주의 정책은 과라니어 뿐만 아니라
과라니 문화와 관련 있는 주요 기층문화인 파라과이 하프와 테레레
와 과라니아의 제도화로 이어진다.

2) 테레레

테레레(tereré)는 파라과이 사람들이 즐겨먹는 찬 음료로서 마테 (mate)에서 기원한 것이다. 테레레는 마테와 마시는 재료와 음용법 모두 동일하지만 차가운 물로 마신다는 특징이 있다. 마테는 과라 니의 대표적인 문화유산으로써 파라과이를 비롯한 아르헨티나, 우 루과이, 브라질 서남부 사람들이 즐겨 마신다. 하지만 테레레는 파 라과이에서만 주로 마시며, 파라과이와 국경을 접한 아르헨티나와 브라질 일부 지역에서 파라과이의 영향을 받아 마시기도 한다. 테 레레는 마테에서 나온 파라과이만의 전통인 셈이다. 실제로 음용하 는 방법도 마테차와 테레레가 별반 다르지 않다.

> 마테는 과라니 문화의 일부로서 고대의 과라니들은 마테 찻잎 을 토기에 넣고 빻은 후에 물을 부어 마셨다. 마테차를 마실 때 는 찻물만 흡입하였다. 과라니들은 마테를 축제와 의례 행위 때 주로 마셨다. 과거 과라니가 마테를 음용했던 방법은 현재 우리 가 마시는 방법과 많이 다르다. 호리병 절반을 잘라서 마테 가 루를 반 정도 넣었다. 그리고 미지근한 물을 부었다. 마테 가루 가 입에 들어가지 않게 입술만 대고 이빨이 필터 역할을 하도록 하여 액체만 들이켰다(Benítez 1997: 40, 재인용 구경모 2015: 174).

과라니들이 마시던 마테차는 리오 데 라 플라타의 정복자들에 의 해 외부 세계에 처음으로 알려졌다. 초기에는 정복자들이 마테 찻 잎을 악마의 풀이라 여겼다. 그것은 과라니가 마테차를 정복자의 눈에 생소한 축제나 의례 행위 때 마셨기 때문이다.

라틴아메리카 토착 작물에 대한 정복자들의 왜곡된 시각은 비단 과라니 뿐만 아니라 라틴아메리카에서 전역에서 나타났었다. 당시 정복자들의 눈에는 라틴아메리카 원주민들이 '하나님의 축복'을 받지 못한 땅에 사는 야만인 혹은 이교도로 인식되었다. 그 결과 정복자들은 라틴아메리카를 오염된 곳으로 인식했고 그 땅에서 살고 있는 동식물과 원주민조차도 비정상적인 것으로 여겼다.

차츰 정복자들은 라틴아메리카에서 생산되는 작물의 효용성을 인정하였고 마테(mate) 차 재료인 잎과 줄기도 유럽으로 가져갔다. 예수회 선교사들은 미션지역에서 마테 차나무를 처음으로 재배하였고, 이것은 레둑시온의 주요 수입원이 되었다.

식민시기에 접어들면서 마테를 마시는 도구(equipo)가 갖춰지기 시작했다. 이 시기부터 지금과 같은 형태의 잔에 해당하는 괌파(gumapa)와 빨대와 같은 모양의 봄비야(bombilla)가 마테차를 마실 때 사용되었다. 괌파와 봄비야의 재료도 다양하게 나타난다. 대중적으로는 조롱박 계열의 호박과 대나무를 주로 사용하였다. 그리고 물이 침투하지 않는 단단한 재질의 나무인 팔로 산토(palo santo)도 괌파와 봄비야의 재료로 사용했다. 추후에는 팜파스에서 목축을 하면서 소뿔도 주요 괌파의 재료로 사용되었다. 이 재료들은 지금도 괌파를 만드는데 사용되고 있다.

테레레와 마테차의 음용법의 두드러진 특징은 가족이나 친구들끼리 같은 괌파(guampa)과 봄비야(bombilla)를 공유하면서 돌려가며 마시는 것이다. 마치 한국에서 하나의 술잔으로 여러 사람이 돌려 마시는 것과 유사하다. 테레레와 마테차는 괌파와 봄비야를 같이 쓰면서 서로 간에 유대감과 정을 느낀다. 처음 보는 사람이

라도 같이 테레레와 마테차을 권하면서 친해진다. 그러나 최근에
는 사스를 비롯한 호흡기 질환의 영향으로 보건과 위생에 대한
관념이 엄격해져서 혼자 음용하거나 가족끼리 마시는 추세로 변
하고 있다.

테레레와 마테차를 마시는 예절과 방법은 동양의 다도처럼 꽤 엄
격하지는 않지만, 나름의 방식이 있다. 테레레와 마테는 준비해서
꽘파에 물을 채워서 나눠주는 사람이 있다. 나머지 사람들은 꽘파
를 받아서 빨아 마시고 다시 나눠주는 사람에게 전달한다. 나눠주
는 사람은 다음 차례 사람에게 꽘파를 전달하고 이런 식으로 반복
해서 순환적으로 차례가 돌아간다. 테레레와 마테차를 준비하고 돌
리는 사람들은 보통 여성이나 연소자가 맡아서 한다. 과거 가정에
서는 보통 나이 어린 딸이 아버지를 위해 준비하는 경우가 많았다.
이 역시 최근에는 여성들의 사회진출이 많아지고 인식이 변화하면
서 남녀가 동등하게 준비하는 추세로 바뀌고 있다.

첫잔은 테레레와 마테차를 준비한 사람이 먼저 마신다. 첫 잔
은 가루가 많이 묻어나고 맛이 독하기 때문이다. 테레레와 마테
차를 그만 마시고 싶을 때는 "그라시아스(Gracias: 감사합니다)"
라고 이야기하면 상대방이 테레레와 마테차를 그 사람에게 넘
기지 않는다.

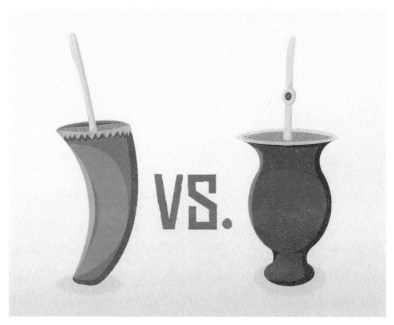

[그림 6-2] 테레레 꼼파와 마테 꼼파의 모양 비교[72]

위의 그림에서 보듯이 단지 외형상으로는 꼼빠라고 불리는 잔의 모양과 봄비야라고 불리는 빨대의 길이, 물의 온도 차이가 다른 것이다. 테레레잔이 긴 형태인 것은 더 많은 물을 담기 위해서이다. 테레레는 땀을 많이 흘리는 무더운 여름철에 즐겨먹기 때문에 수분 보충을 위해 차가운 얼음물을 많이 담을 수 있게 마테잔보다 긴 생김새를 가지게 되었다.

파라과이 사람들도 마테차를 마시지만, 기온과 계절에 따라 구별해서 마신다. 일반적으로 바람이 쌀쌀하고 기온이 떨어지는 겨울에는 따뜻한 물과 함께 마테차를 마시고, 무더운 여름철에는 시원한

---

72) 출처: http://www.yerbamateblog.com/terere-vs-mate-know-the-main-differences/(검색일 2020.04.10.)

얼음물과 함께 테레레를 마신다. 그러나 계절에 관계없이 비가 오거나 살짝 덥지 않은 새벽이나 오전, 밤에는 마테를 마시고, 더운 낮에는 테레레를 마시기도 한다. 이처럼 파라과이 사람들은 기온이나 날씨에 따라 테레레와 마테차를 구분해서 마신다.

테레레는 무더운 여름철 파라과이에서 필수적인 준비물이다. 파라과이 사람들은 한 여름에 외출할 때 필수적으로 테레레를 휴대하고 다닌다. 손잡이가 달린 보냉병에 얼음과 물을 가득 채운 후 꽘파와 봄비야를 같이 챙겨서 외출한다. 파라과이의 여름은 가장 더울 때 40도를 웃돌기 때문에, 테레레는 더위를 견딜 수 있도록 충분한 수분을 보충해주는 역할을 한다. 반대로 추위가 다가오는 겨울에는 보온병에 뜨거운 물을 채워 마테차를 마실 꽘파와 봄비야를 준비해서 외출한다.

테레레와 마테차의 기본 재료는 마테의 잎과 줄기를 말려서 갈아 놓은 예르바 마테(yerba mate)이다. 예르바 마테만 넣어서 마시기도 하지만, 차의 효능과 향을 즐기기 위해 각종 약초를 섞어서 마시는 경우가 대부분이다. 약초는 대형마트에도 팔지만 재래시장과 길거리에서도 구입할 수 있다. 길거리 곳곳에서는 테레레와 마테차, 약초를 파는 상인들을 쉽게 만날 수 있다.

(출처: 저자 촬영, 2012년)

[그림 6-3] 파라과이 아순시온 4시장 내의 약초시장

약초를 첨가해서 마시는 것은 마테보다 테레레가 더 발달되어 있다. 특히 여름에 더위로 무기력해진 몸에 활력을 주는 약초를 주로 첨가한다. 이러한 약초의 사용은 과라니로부터 전해 내려온 민간의료를 계승한 것이다. 테레레와 함께 곁들이는 약초는 그 종류에 따라 효능이 셀 수 없이 많은데, 암과 당뇨, 담석 등 다양한 질병에 효과가 있다. 실제로 파라과이의 가난한 사람과 서민들은 매일 테레레에 약초를 섞어 마심으로써 의료비를 절감하는 효과를 보고 있다.

여름철에 마시는 테레레에는 더위로 인해 무기력해짐을 극복하기 위해 시원한 느낌이 나는 박하 계열의 민트 종류의 약초를 많이 넣어서 마신다. 겨울에는 감기가 많이 걸리기 때문에 마테차에 감귤 계열인 라임의 열매나 잎을 같이 넣어서 마신다. 그렇다면 마테차와 달리 테레레가 파라과이에서만 마시는 이유는 무엇인가? 테레레에 대한 기원에 대해서는 두 가지의 가설이 있다.

테레레를 언제부터 마셨는가에 대한 부분은 상당한 논란이 있다. 차코전쟁 당시에 군인들이 불을 피우기 어려워 차가운 물로 마신 것에서 유래되었다는 것과 군인들이 물이 부족하여 웅덩이 물과 오줌을 거르기 위한 여과 장치로써 나쁜 맛을 없애기 위해 마신 것이 지금의 테레레가 되었다는 것이다. 그리고 마테 재배지에서 노예들이 불을 피워 마떼차 마시는 것을 금하면서 노예들이 차가운 물로 마시게 되었고, 이후 노예들이 차코전쟁에 동원되어 차갑게 마시는 법이 널리 퍼져 지금의 테레레가 되었다는 것이다. 다른 가설은 차코 전쟁 이전부터 테레레가 존재했다는 것이다. 가라바글리아(2008)는 식민시기에 마테 레프레스카(mate refresca)[73]를 마셨다는 기록으로 보아, 이는 차가운 물로 마테를 음용한 증거라고 주장하였다. 이를 뒷받침 하듯 과라니와 예수회 연구의 권위자인 멜리아(1995)는 당시 테레레라는 용어는 없었지만 차가운 물로 마테를 마셨다는 17세기 중반의 문헌 증거로 봤을 때, 이미 차코전쟁 이전부터 테레레 형식의 차가 존재했다고 보는 것이 옳다고 언급하였다. 이러한 테레레의 기원에 관한 가설들을 종합해보면, 지금 같은 테레레의 음용 형태는 식민시기 전후로 존재하여 한 것으로 보인다. 다만 테레레라는 용어가 생긴 것은 차코전쟁 무렵쯤으로 추측할 수 있다(구경모 2015: 199~200).

이상의 테레레 기원에 대한 가설을 모두 종합해 보면, 크게 두 가지 설로 나누어 볼 수 있다. 시기적으로는 식민시기와 차코전쟁[74] 때로 구분된다. 식민 시기에도 더위로 인해 차가운 물로 마테

---

73) 레프레스카(refresca)는 스페인어로 '시원하게하다, 차게하다, 상쾌해지다'라는 뜻이 있다.

74) 차코전쟁(guerra del Chaco)은 파라과이와 볼리비아가 차코 지방을 두고 1932년~1935년까지

를 마신 기록이 있는 것으로 보아 테레레의 형태가 존재했던 것으로 보인다. 하지만 대중적으로 테레레가 확산된 것은 차코전쟁 이후인 것으로 나타났으며, 그 용어도 이 당시에 생겨난 것으로 보인다. 결론적으로 테레레는 차코전쟁 이후에 파라과이 전역으로 널리 퍼져 나갔다고 보는 것이 일반적이다.

파라과이에서는 법제화까지 아니지만, 1997년 후안 카를로스 와스모시(Juan Carlos Wasmosy) 대통령이 마테차를 기념하기 위해 행정부에서 명령(Decreto N° 18.528)으로 '예르바 마테 국경일(Día Nacional de la Yerba Mate)'을 매년 10월 11일로 지정하였다.

마테차와 달리 테레레는 브라질과 아르헨티나, 우루과이에서 거의 마시지 않기 때문에 파라과이의 상징처럼 여겨진다. 이에 루고 정부는 역내에서 파라과이만의 정체성이라 할 수 있는 테레레를 언어법과 같은 시기에 법으로 제정하였다. 파라과이 전통 식생활 관련으로는 테레레가 처음으로 법제화 되었다.

Ley 4261/2011 Que Declara Patrimonio Cultural y Bebida Nacional del Paraguay al Terere[75]
법률 4261/2011 테레레를 파라과이 민족음료이자 문화유산으로 선포 한다.

Artículo 1°.- Declárase patrimonio cultural y bebida nacional del Paraguay al Tereré. (1조.- 테레레는 파라과이 민족음료이자 문화유산이다.)

벌인 전쟁을 말한다.
75) 출처: 파라과이 문화청

Artículo 2°.- Institúyase el último sábado de febrero de cada año como el "Día Nacional del Tereré", con el objetivo de proteger y fortalecer la identidad nacional. (2조.- 국가정체성을 보호하고 활성화하기 위한 목적으로 매년 2월 마지막 토요일을 "테레레의 날"로 정한다.)

Artículo 3°.- Facúltase a la Secretaría Nacional de Cultura, a coordinar sus planes, programas y proyectos para fomentar la protección y difusión nacional e internacional del Tereré. (3 조.- 문화청은 국내외적으로 테레레를 확산하고 보호하기 위한 계획과 프로그램을 수립한다.)

Artículo 4°.- Comuníquese al Poder Ejecutivo.
Aprobado el Proyecto de Ley por la Honorable Cámara de Senadores, a dieciocho días del mes de noviembre del año dos mil diez, quedando sancionado el mismo, por la Honorable Cámara de Diputados, a dieciséis días del mes de diciembre del año dos mil diez, de conformidad a lo dispuesto en el Artículo 207 numeral de la Constitución Nacional. (4조.- 행정부와 소통: 이 법은 상하원에서 2010년 11월 18일에 비준하여 헌법 207조에 의거하여 2010년 12월에 승인한다.)

루고 정부는 법률에 '민족 음료', '국가정체성'이라는 용어를 넣어 이 법안이 민족주의 증진과 관련 있음을 노골적으로 표현하고 있다. 언어법과 마찬가지로 일상 문화인 테레레를 통해 주변국과의 문화적 경계를 국가 정체성임을 법률로 제도화하였다. 이는 언어법과 마찬가지로 과라니 문화에 기반을 둔 기층문화를 문화유산으로 법제화함으로써 국가 정체성 강화에 기여하고 있다. 이 같은 일련의 과정은 볼리비아의 에보 모랄레스 정권이 코카를 민족음료로 추진한 것과 상당히 유사해 보인다. 테레레의 법제화는 좌파 정부 등장 후 원주민 문화를 민족주의의 도구로써 대상화 하던 라틴아메리카의 경향과도 관련이 있다고 볼 수 있다.

3) 파라과이 하프와 과라니아

루고 정부는 테레레 뿐만 아니라 과라니와 관련된 민속 음악에 대한 법제화도 잇달아 실시한다. 파라과이 하프는 국가 차원에서 처음으로 법적으로 제정된 민속악이다. 파라과이 하프는 식민시기 유럽에 들여온 것으로 그 크기가 너무 커서 파라과이식으로 개량한 것이다. 악기는 유럽의 것이지만, 파라과이 하프의 곡은 과라니 음악에서 기원한 과라니아를 연주할 때 쓰인다.

파라과이 하프는 앞서 본 예르바 마테 국경일처럼 1997년 후안 카를로스 와스모시(Juan Carlos Wasmosy) 대통령이 명령(Decreto Nº 17488)에 의거하여 매년 6월 9일을 파라과이 하프 국경일(Día Nacional del Arpa Paraguaya)로 정하였다. 이 날은 파라과이 하프를 처음으로 체계화하여 연주한 펠릭스 페레스 카르도소(Félix Pérez Cardozo)가 서거한 날을 기리기 위해 만든 것이다. 루고 정부는 언어법과 테레레 법안에 이어 파라과이 하프를 민족음악을 상징하는 악기로 공표하였다. 파라과이 하프에 대한 법제화 내용은 다음과 같다.

> Ley 4001/2010 Que Declara al Arpa Paraguaya "Instrumento Simbolo de la Cultura Musical Nacional"
> 법률 4001/2010 파라과이 하프를 "민족음악문화를 상징하는 악기로" 선포한다.

Artículo 1°.- Declárase al Arpa Paraguaya "Instrumento Símbolo de la Cultura Musical Nacional". (1조.- 파라과이 하프는 "민족음악문화를 상징하는 악기"로 선언한다.)

Artículo 2°.- Comuníquese al Poder Ejecutivo.
Aprobado el Proyecto de Ley por la Honorable Cámara de Diputados, a los quince días del mes de diciembre del año dos mil nueve, y por la Honorable Cámara de Senadores, a los trece días del mes de mayo del año dos mil diez, quedando sancionado el mismo, de conformidad con lo dispuesto en el Artículo 204 de la Constitución Nacional. (2조.- 이 법은 상하원에서 2009년 12월 15일에 비준하여 헌법 204조에 의거하여 상원에서 2010년 5월 3일에 승인한다.)

파라과이 하프도 과라니어와 테레레와 마찬가지로 '민족'의 문화유산이라는 것을 강조하고 있다. 파라과이 하프에 이어 파라과이 전통음악인 과라니아(guarania)에 대한 법도 제정하였다. 과라니아는 식민시기 과라니의 뿌라헤이(purahéi)[76]와 예수회의 영향으로 탄생하였고 리듬이 느리고 구슬픈 것이 특징이다. 앞서 언급했듯이 과라니아는 1920년대 인디헤니스모의 영향을 받아 호세 아순시온 플로레스가 근대적 악보로 정리하였다. 과라니아의 가사는 당시 인디헤니스모 시기의 시인들과 문학가들이 만든 과라니어 작품으로 구성되어 있다.

과라니아는 파라과이의 전통 의복인 아오뽀이(Ao-poi)를 입고 연주하며, 춤을 같이 곁들이기도 한다. 과라니아를 연주할 때 빠질 수 없는 악기가 바로 파라과이 하프(Arpa Paraguaya)이다. 의회는 과

---

76) 뿌라헤이는 과라니어로 노래라는 뜻이다.

라니아를 파라과이 하프에 관한 법이 제정된 이후인 2011년 4월 28일에 과라니아 국경일과 관련된 법안을 통과시켰다. 과라니아는 국가에서 법적으로 처음 지정한 파라과이 민속음악으로서 그 의미가 있다.

Ley N° 4310 Declara el 27 de Agosto "Día Nacional de la Guarania"[77]
법률 4310 "과라니아 국경일"을 8월 27일로 선포한다.

Artículo 1°.- Declárase el 27 de agosto "Día Nacional de la Guarania", fecha en que se recuerda el natalicio del maestro, Don José Asunción Flores. (1조.- "과라니아 국경일"을 8월 27일로 선포한 것은 돈 호세 아순시온 플로레스 선생을 기리기 위한 것이다.)

Artículo 2°.- Facúltase a la Secretaría Nacional de Cultura, a fomentar la celebración del "Día Nacional de la Guarania". (2조.- 문화청은 "과라니아 국경일"을 기념하고 확산할 것이다.)

Artículo 3°.- Comuníquese al Poder Ejecutivo.
Aprobado el Proyecto de Ley por la Honorable Cámara de Senadores, a siete días del mes de abril del año dos mil once, quedando sancionado el mismo, por la Honorable Cámara de Diputados, a catorce días del mes de abril del año dos mil once, de conformidad a lo dispuesto en el Artículo 204 de la Constitución Nacional. (3조.- 행정부와의 소통: 이 법은 헌법 204조에 의거하여 상하원에서 2011년 4월 7일 승인되었다)

---

77) 출처: 파라과이 국회도서관

과라니아 법안의 주된 내용은 국경일로 지정하는 것이다. 과라니아의 국경일은 돈 호세 이순시온 플로레스(Don José Asunción Flores)를 기념하여 제정하였다. 아순시온 플로레스는 구전으로 내려오던 과라니아를 악보로 체계화한 음악가이다. 과라니아 국경일은 문화청에서 관리하고 감독한다. 이처럼 루고 정부는 이전 정부와 달리 상징적인 의미에서 법률를 선포하고 제정하는 데서 진일보하여 문화유산을 책임지고 관리하는 기관을 법적으로 정함으로써 과라니어와 테레레 법안처럼 민속 문화에 대한 제도화를 공고히 하였다.

이와 같은 민속 문화에 대한 법제화는 당시 루고 대통령의 정치적 성향과 관계가 있다. 파라과이 루고 대통령은 가톨릭 사제로서 산페드로 주에서 주교를 엮임 했다. 산페드로 주는 파라과이에서도 오지로서 멕시코의 사파티스타 지역처럼 가난한 농민을 대변하는 반군인 파라과이 민중군(Ejército del Pueblo Paraguayo, EPP)들의 주둔지로 널리 알려져 있다. 루고는 그곳에서 소농과 노동자를 대변하면서 대통령에 당선될 수 있었던 수식어인 '빈자의 아버지'라는 이미지를 구축하였다. 그 후 루고는 사제임에도 불구하고 압도적인 여론조사의 지지를 바탕으로 유력한 대선주자로 떠올랐고, 결국에는 대통령으로 당선되었다.

이러한 루고 정부의 정치적 성향은 그의 지지 기반인 농민과 원주민, 서민 친화적인 정책을 펼치는 요인으로 작용했다. 또한 루고 정부는 이들에 대한 경제적 측면뿐만 아니라 일상 문화 부분에도 관심을 기울였다. 기층문화로서 과라니 문화에 대한 공식화는 당시 라틴아메리카의 민족주의 강화 분위기와 함께 루고의 정치적 배경과도 깊은 관련이 있다.

2

과라니 문화유산을 둘러싼
'문화적 국경' 긋기

20세기 후반에 접어들면서 라틴아메리카는 신자유주의와 초국주의라는 세계사적 흐름에서 민족주의가 약화될 것이라 예상되었다. 특히 이러한 논의들은 1990년대 중반 무렵부터 본격화된 라틴아메리카의 경제 통합, 즉 지역통합이 본격화되면서 힘을 얻어 갔다. 그러나 라틴아메리카의 지역통합은 북미자유무역협정(NAFTA)과 FTAA (미주자유무역지대) 등 미국의 대 라틴아메리카 경제통합에 대항하는 세력으로의 성격을 가지게 되었다. 라틴아메리카의 국가들은 미국의 경제통합을 역내 국가들에 대한 지배로 인식하면서 대안적인 지역 통합체를 만들기에 이른다, 이에 남미공동시장(Mercosur)과 남미국가연합(Unasur), 미주대륙을 위한 볼리바르 동맹(ALBA) 등이 결성되었다. 이들 지역통합체들은 좌파정권을 중심으로 반미적인 성격을 보이면서 자유무역보다는 보호무역을 지향하였다. 또한 개별 국가의 민족주의를 강화하면서 자원국유화와 공기업의 강화를 통한 분배 정책을 추진하였다.

이러한 거시적인 흐름에서 남미공동시장의 회원국인 파라과이도 예외는 아니었다. 파라과이는 브라질과 아르헨티나 등 인접 국가들의 태도에 따라 민족주의를 강화하였는데, 특히 2008년 좌파 정부인 루고 대통령이 집권하면서 더욱 가속화된다. 파라과이는 민족주의를 강화하는 모티브로서 과라니 문화유산을 보호하고 향유하는 법령을 제정하여 제도화하는데 힘을 기울인다. 이러한 민족주의 강화 현상은 라틴아메리카적 지역 통합이라는 특수한 상황에서 발생한 것이다.

과라니 문화는 역사적으로 파라과이 민족 정체성을 구성하는 핵심 요소로서의 기능을 했지만, 최근 들어 주변국인 브라질과 아르헨티나의 지방정부들도 과라니 문화를 그들의 문화 유산으로 제도화하려는 경향을 보이고 있다. 이는 자국의 문화를 하나의 경제적 자원으로 보는 시각으로 인해 서로가 해당 문화에 대해 권리를 주장하는 것이다. 국가내의 각 종족과 민족의 다양성을 지지하는 경향으로 인해 남미공동시장내에서는 과라니 문화를 둘러싼 첨예한 충돌을 보여주고 있다.

브라질과 아르헨티나는 각각 자국내의 다양한 원주민에 대한 권리를 보장하면서 과라니에 대한 공용어지정 및 관련 문화유산에 대한 법제화를 공표했거나 추진중에 있다. 아르헨티나의 코리엔테스(Corrientes) 주와 브라질 마토 그로소 델 수르(Matto Grosso del Sur)의 타쿠루(Tacuru)시는 각각 2005년과 2010년에 과라니어를 공식 언어로 지정하였다. 또한 남미공동시장도 스페인어와 포르투갈어와 함께 과라니어를 지역 통합체를 대표하는 공식 소통언어로 지정하였다.

과라니어와 마찬가지로 마테차와 테레레를 두고도 세 국가가 서로 문화유산을 선점하기 위해 경쟁을 하고 있다. 마테차의 경우는 파라과이에서 먼저 1997년에 와스모시 정부가 행정부 명령으로써 '예르바 마테 국경일'을 지정한바가 있다. 아르헨티나에서는 2015년에 매년 11월 30일을 '마테 국경일(Día Nacional del Mate)'로 지정하였다. 이와 같은 과라니 문화를 둘러싼 대외적인 경쟁은 과라니 문화 소유권에 대한 파라과이 정부와 시민 영역 모두에서 관심을 불러일으켰다.

과라니 문화를 두고 역내 국가 간의 갈등이 극대화된 것은 테레레를 두고 일어났다. 테레레는 마테와 달리 주로 파라과이에서 음용하는데, 브라질의 한 주(州)인 마토 그로소 델 수르(Mato Grosso del Sur)[78]에서 테레레를 역사문화 유산으로 지정하려는 움직임이 보이자 파라과이에서 크게 반발을 하였다. 아래 문구와 삽화는 이 시기에 파라과이 웹상에서 유행하던 일부 내용을 발췌한 것이다.

El tereré es paraguayo pe aña memby!!!!
'이 악마야!!!', 테레레는 파라과이 것이야.

Si los brasileños lo registraron, mbaretépe, como si fuera suyo, "jamás de los jamases, nunca de los nuncases" lograrán imponer el tereré jeré como motivo obligatorio para suspender el trabajo, de darse al descanso, al ocio, el cotorreo, el análisis de la política, la literatura, del fútbol o de la economía internacional, etc, etc, etc. Eso, solamente los paraguayos podemos hacerlo···lo llevamos en la sangre.

---

78) 마토 그로소 델 수르는 파라과이 동쪽 지역과 마주하고 있는데, 이 주는 파라과이와 브라질 이민자의 교류가 빈번한 지역으로 파라과이의 테레레가 전파되어 음용되고 있는 곳이다.

브라질 애들이 자기 것인 냥 강제로 테레레를 가져가려고 하네, "절대로 절대로, 결코 결코" 도란도란 둘러 앉아 마시는 '론다 데 테레레'를 가져갈 수 없어. 일을 그만 둘 때, 휴식을 취할 때, 여가를 즐길 때, 수다 떨 때, 정치와 문화, 축구, 세계 경제에 대해 얘기할 때 등 등 등, 할 때 꼭 마시는 거야. 이것은 파라과이 피가 흐르는 우리만 할 수 있는 거야(출처: Nico Espinosa).

위에 글은 페 아냐 넴브(pe aña memby)와 음바레테페(mbare tépe)와 테레레 헤레(tereré jeré)79) 등 글 내용 중 일부단어를 과라니어로 표현함으로써 민족의식을 극대화하고 있다. 특히 제목의 '이 악마야!!!'는 스페인어가 아닌 페 아냐 넴브(pe aña memby)라는 과라니어로 표기하였는데, 이는 브라질에 대한 비판을 과라니어로 처리함으로써 민족의식을 더욱 극대화하고 있다. 이 예처럼 파라과이에서는 스페인어를 사용하다가 대화를 할 때 자신이 강조하고 싶은 부분이 나오면 과라니어를 갑자기 섞어서 쓰는 경우가 있다. 특히 욕설이나 화를 낼 때 두드러진다.

이 글과 함께 삽화도 브라질에서 테레레를 공식화하는 것에 대한 반감을 여과 없이 보여주고 있다.

---

79) 과라니어 세 단어의 뜻은 다음과 같다. 페 아냐 넴브(pe aña memby)는 '이 악마(ese diablo)'라는 뜻이며, 음바레테페(mbaretépe)는 '강압적으로(a la fuerza)'이며, 그리고 테레레 헤레(tereré jeré)는 '론다 데 테레레(ronda de tereré)'로 여러 사람이 도란도란 둘러앉아서 테레레를 마시는 문화를 말한다.

[그림 6-4] 마테차 및 테레레 관련 삽화

　위의 삽화는 두 남자가 테레레를 마시면서 흑인 여성에 브라질을 국기를 덧입힌 테레레 괌빠[80])를 보고 "저것이 브라질에서 등재한 테레레 맞어?"라면서 마치 진짜 테레레가 아니라는 듯이 의문스럽게 묻고 있다.

　아래의 삽화는 두 파라과이 남자가 "진짜 브라질 테레레야? 카이피리냐(caipirinha)가 들어있네"라면서 맛이 이상하다는 듯이 마신 것을 뱉고 있다. 카이피리냐는 사탕수수 술로 일종의 럼주인 카사사(cachaça)를 기본으로 하여 라임을 첨가한 브라질의 대표적인 칵

---

80) 괌빠(guampa)는 테레레 마시는 잔을 말한다.

테일이다. 브라질 테레레에는 카이피리냐가 들어있다고 말하면서
원조가 아님을 비꼬고 있는 것이다.

[그림 6-5] 마테 및 테레레 관련 삽화

[그림 6-5]의 왼쪽 그림은 길거리에서 흔히 볼 수 있는 마테차와
테레레를 파는 상인들의 모습을 나타낸 것이다. 약초를 바구니를
든 아줌마가 "브라질 사람들이 테레레를 자신들의 것으로 가져가려
고 한다"고 대화를 건네자 약초를 빻는 아줌마가 "그러면 우리 사
업이 확장되어서 좋겠네"라고 응수하는 모습이다. 이는 테레레 장
사를 브라질에서 할 수 있겠다는 긍정의 의미처럼 보이지만 브라질
이 테레레를 가져가는 것에 대해 비꼬는 것이다.

오른쪽 그림은 테레레를 마시고 있는 남자가 "브라질이 테레레
를 그들의 역사유산으로 등록하려고 한다"고 하자 맞은편에서 파라
과이 전통 빵인 치파(chipa)를 먹고 있는 남자가 그러면 "우리는 테

레레 루파[81]를 등록하면 되지 뭐"라고 하면서 퉁명스럽게 대답하는 모습이다. 두 그림의 대화는 모두 브라질이 테레레를 자신들의 문화유산으로 가져가려고 하는 모습에 대해 자조적인 유머로 대응하고 있다.

이 삽화에서는 브라질이 남의 문화를 도용했다는 것을 강조하는 것으로써 파라과이 사람들의 불편한 심기가 잘 드러나 있다. 이러한 대중들의 인식에 조응하고자, 페르난도 루고 정부와 파라과이 의회는 테레레 법제화를 서두르게 된다.

> 테레레는 파라과이의 문화유산이며, 우리 국가의 공식음료이다. 매년 2월 마지막은 테레레의 날입니다. 앞으로 테레레는 국가 정체성을 확립하는 중요한 매개체가 될 것입니다(다니엘 오르테가(Daniel Ortega, 전 파라과이 하원의원, 출처: Hoy 기사, 2014년 2월 22일자).

파라과이 정부와 의회는 2010년 같은 해에 테레레를 비롯하여 과라니어, 파라과이 하프와 과라니아를 국가 문화유산으로 지정하였다. 이러한 파라과이의 정부의 적극적인 노력과 대중적인 반발에도 불구하고, 브라질의 마토 그로소 델 수르 주가 2011년에 뒤이어 테레레를 그들의 문화유산으로 등재하였다.

파라과이는 과라니가 파라과이의 고유한 문화유산이라고 여기지만, 과라니의 분포지역은 파라과이의 국가 경계와 정확하게 일치하지 않는다. 과라니의 거주지역이나 문화권은 파라과이를 넘어 브라

---

81) 테레레 루파(Tereré rupá)에서 루파는 과라니어로 침대라는 의미이다. 그 뜻은 이른 아침에 차가운 테레레를 마시기 전에 속을 보호하는 차원에서 간식거리에 해당되는 치파나 엠파나다(empanada), 샌드위치를 미리 먹는 습관을 가르킨다. 치파는 파라과이 전통 빵이며, 엠파나다는 남미식 만두이다.

질과 아르헨티나, 볼리비아 일부 지역에 걸쳐있다. 하지만 다른 국가들은 과라니가 각 국가의 많은 종족 중의 하나에 지나지 않지만, 파라과이에서는 과라니가 주요 종족이며, 과라니어와 그와 관련된 문화를 대부분의 국민들 향유하고 있다는 점이다. 이런 차이로 인해 파라과이는 스스로가 과라니의 원류 혹은 과라니의 적통처럼 여기고 있는 것이다.

21세기 라틴아메리카를 지배했던 다문화주의와 복수민족주의, 자원민족주의가 서로 결합되면서 파라과이를 둘러싼 역내 각 국가와 지방정부가 과라니를 비롯한 원주민의 문화유산을 '자원'으로 인식하게 되었다. 이러한 과정은 찰스 헤일(2005)이 언급한 '다문화주의의 신자유주의화'라는 측면에서 이해될 수 있다. 결국 다문화주의에 기반을 둔 복수민족주의도 종족의 다양성 보다는 지방과 중앙정부의 관광자원으로써의 가치, 혹은 정치적 수사로써의 가치로 인해 각 국가에서 각광을 받고 있다. 이는 파라과이를 비롯한 다른 라틴아메리카의 역내 국가들도 마찬가지이다.

다만, 이러한 상황에서 파라과이는 당연히 그들의 것이라고 여겼던 과라니 문화가 다른 국가와 경쟁 관계에 놓이면서 자신들의 문화유산을 지키고자 하는 욕구가 더 강렬해 진 것이다. 이 같은 맥락에서 파라과이 정부는 과라니 문화의 법제화와 공식화를 서둘러 진행하였다. 즉 파라과이의 과라니 문화 제도화와 법제화는 역내 국가들의 경쟁에서 우위를 점하고자 '문화적 국경'을 선명하게 긋는 작업으로 볼 수 있다.

결과적으로는 타자(브라질과 아르헨티나)들로 인해 파라과이의 민족 정체성으로 작동하던 과라니의 문화유산이 제도화라는 과정을 통해 일상의 영역에서 공적인 영역으로 옮겨가면서 초국적 시대에 오히려 민족주의가 강화되고 있다.

파라과이 민족주의의 특징은 언어공동체라는 점이다. 이는 앤더슨이 언급했던 라틴아메리카와 유럽 민족주의의 가장 큰 차이점인 언어 정체성의 부재에 대해 의문이 드는 지점이다. 그는 유럽에서 근대국가 건설 과정에서 민족주의가 발현했던 이유가 지방 언어 집단들의 정체성 때문이라고 지적했으며, 그것이 바로 라틴아메리카와 유럽 민족주의가 다른 점이라고 설명했다. 라틴아메리카에서 언어가 민족주의의 변수가 되지 못한 것은 식민지로 인해 원주민 종족들이 사용했던 무수한 지방 언어가 제국주의 언어인 스페인어로 일원화되었기 때문이다.

그럼에도 불구하고 앤더슨은 라틴아메리카 각 국가의 정체성 발현을 각 지방에서 공유된 신문 및 활자들, 당시 본국으로부터의 '설움'을 나눈 크리오요들 간의 정체성이 민족주의의 요인이 되었다고 설명하였다. 여기서 주목할 점은 라틴아메리카 각 지방에서 인쇄업자들이 발간한 신문이다. 이것은 유럽과 라틴아메리카의 민족주의를 관통하는 공통적인 지점인데, 앤더슨은 유럽의 각 지방어가 활자화 되면서 서로 간에 정체성을 느끼게 되었다고 설명하면서 이와 마찬가지로 지방 신문에 의한 정보공유가 서로 간에 동질감을 느끼게 해주었고 그것이 민족주의 발생에 영향을 미쳤다는 것이다. 사실 유럽은 민중의 언어로써 지방어가 라틴어를 대체하면서 근대국가의 이데아인 민족주의가 발생하였고, 각 지방 사람들이 국가의 주체인 시민으로 성장하였다.

하지만 라틴아메리카에서 신문은 다수의 원주민들에게 영향을 미쳤을 리 만무하고, 오직 해당 지방의 지배계급인 크리오요나 일부 메스티소의 전유물에 불과하였다. 크리오요들이 지방정부의 관리로서 독립을 주도하고 선언했던 것은 사실이지만, 독립과 민족주의 형성 과정에서 원주민의 역할과 그들의 문화를 언급 조차하지 않는 것은 마치 유럽계의 유산만을 인정하는 문자 중심의 사고 체계를 벗어나지 못한 느낌을 지울 수 없다.

이는 앤더슨을 비롯한 탈근대주의 계열의 민족주의 연구가 오히려 근대를 벗어나지 못하는 딜레마에 빠진 것이라 볼 수 있다. '진정한 탈근대'는 유럽중심주의적인 역사관 극복을 통해 근대적 이데올로기를 해체함으로써 가능한 것이다. 라틴아메리카 독립의 역사, 근대국가의 역사, 민족주의의 역사를 크리오요 중심으로 바라보고 해석하는 것은 다분히 오리엔탈리즘적인 사고에 기반 한 것이라 볼 수 있다.

에릭 울프(1982)가 그의 저작인 '유럽과 역사 없는 사람들'을 통해 말하고자 했던 것처럼, 본 저서는 역사에 기록되지 않은 원주민과 그들이 남긴 문화가 민족주의에 미친 영향에 대해 탐구하였다. 과라니를 통한 파라과이 민족 정체성 분석은 엘리트 중심의 민족주의 담론에 또 다른 시각을 열어 놓는 것이다. 이것은 라틴아메리카 민족주의를 엘리트들의 사회통제를 위해 발명품으로만 이해하는 접근에 다양성을 부여하는 작업이기도 하다.

통상 민족주의는 근대의 산물이자 국민국가의 산물이었기에 유럽과 엘리트 중심의 거대 이론과 담론이 지배적이었다. 이러한 측면 때문에 근대의 중심인 유럽의 사례가 민족주의의 표준이 될 수밖에 없었고, 근대화의 경로가 달랐던 라틴아메리카 민족주의에 대한 이해는 기존의 민족주의 이론과 담론으로 말끔하게 채울 수가 없었다.

그렇기에 라틴아메리카 민족주의는 법칙정립적인 접근보다 지역연구 차원의 개별기술적 접근이 필요하다. 앞서 수차례 언급한 바처럼, 기존의 라틴아메리카 민족주의 연구는 이론과 담론 중심의 접근을 꾀하고 있다. 이것은 민족주의의 전반적 경향이나 인식론에 대한 분석에 유리할 수 있으나, 권역별, 국가별 사례의 특수성을 간과할 수 있다. 이런 측면에서 라틴아메리카의 민족주의 연구는 지역연구의 맥락에서 국가나 지역, 혹은 문화권에 대한 분석이 선행되어야 한다고 생각한다.

파라과이의 '과라니 민족주의'는 라틴아메리카 어느 국가보다 원주민 언어와 문화에 바탕을 둔 민족주의가 두드러지기 때문에 개별기술적인 접근이 필요하였다. 이 같은 개별 사례들의 축적은 원주민 정체성이 강하게 나타나는 파라과이와 유사한 역내 국가들의 민족주의에 대한 비교분석 및 유형화로 확장이 가능하며, 이는 라틴아메리카 민족주의 전체를 조망하는데도 도움이 될 것이다.

참고문헌

구경모 2010,「파라과이 민족국가 형성에 있어 과라니어의 역할」, 라틴아메
　　리카연구, 23권 3호, pp. 1-23.
----- 2010,「식민시기 파라과이와 브라질 경계의 형성 과정」, 포르투갈-브라
　　질연구, 7권 2호, pp. 5-24.
----- 2012,「자유주의와 보수주의 대립에 따른 파라과이 국토개발정책의 변
　　화」, 이베로아메리카, 14권 1호, pp. 1-20.
----- 2015,「코노수르(Cono Sur)지역의 문화유산: 마테차 이야기」, 여러 겹의
　　시간 을 만나다, 부산: 산지니, pp. 165-205.
----- 2016a,「과라니의 세계관과 신화」, 라틴아메리카 원주민의 어제와 오늘,
　　부산: 산지니, pp. 49-72.
----- 2016b,「라틴아메리카 민족주의와 지역통합, 에스닉: 파라과이의 사례」,
　　민족연구, 68호, pp. 198-217.
----- 2017,「라틴아메리카 민족주의 경향과 분석틀에 관한 고찰」, 중남미연
　　구, 36권 3호, pp. 147-168.
----- 2019,「원주민에서 국민으로: 프란시아 정부의 과라니 통합정책」, 인문
　　사회21, 10권 1호, pp. 45-58.
김달관 2011,「에콰도르의 탈식민적 국가개혁: 국민국가에서 다국민국가로」,
　　이베로아메리카, 13권 2호, pp. 1-13.
----- 2015,「볼리비아의 탈식민적 국가개혁 : 다문화성에서 다국민성으로」,
　　중남미연구, 34권 2호, pp. 75-115.
김세건 2005,「메스띠소와 원주민 사이에서: 멕시코 국민주의와 원주민 종족
　　성」, 종족과 민족, 서울: 아카넷, pp. 213-249.
김윤경 2010,「1980~1990년대 에콰도르의 원주민 운동 : CONAIE의 "상호
　　문화성"과 "복수 국민"」, 서양사론, 107권 107호, pp. 201-233.
김은중 2017,「라틴아메리카 민족주의와 포스트-신자유주의 시기의 민족국가
　　의 재구성」, 이베로아메리카, 19권 1호, pp. 1-40.
김홍규 2013, 근대의 특권화를 넘어서, 서울: 창비.
21세기민족주의포럼 2010, 21세기 민족주의 재생의 담론, 통일뉴스.
문남권 2008,「안데스 좌파정권의 자원민족주의 비교 연구」, 국제지역연구,
　　11권 4호, pp. 95-120.

이상현 2007, 볼리비아의 자원민족주의와 천연가스산업 재편의 전개와 의미, 대외경제정책연구원.

이성형 2009, 라틴아메리카의 문화적 민족주의: 벽화 국민음악 축구를 통해 본 정체성 정치, 서울: 길.

임지현 1999, 민족주의는 반역이다: 신화와 허무의 민족주의 담론을 넘어서, 서울: 소나무.

장문석 2011, 민족주의, 서울: 책세상.

차경미 2015, 「페루 -볼리비아 접경 푸노(Puno) 지역 아이마라(Aymara) 원주민 종족갈등의 원인」, 비교문화연구, 41권, pp. 351-379.

최영수 2006, 「또르데질야스 조약(Tratado de Tordesilhas)에 관한 연구」, 역사문화연구, 25권, pp. 323-370.

Anbarani, Ata 2013, "Nation, Nationalism Controversial Debates and Thought: A Review of Origin of Nation and Nationalism," *CSCanada*, Vol. 9, No. 3, p. 61-67.

Anderson, Benedict 1983, *Imagined Communities*, London: Verso.(윤형숙 역 2003, 상상의 공동체: 민족주의의 기원과 전파에 대한 성찰, 서울: 나남.)

Areces, Nidia 2007, *Estado y Frontera en el Paraguay*, Asunción: CEADUC.

Apadurai, Arjun 1996, *Modernity at Large: Cultural Dimensions of Globalization,* Minsota: University of Minnesota Press.

Audibert, alejandro 1892, *Los Limites Antigua Provincia del Paraguay*, Buenos Aires: La Economia.

Baéz, Cecilio 1926, *Resumen de la Historia del Paraguay*, Asunción.

Barth, Fredrik 1969, Ethnic Groups and Boundaries: The Social Organization of Culture Difference, Waveland Press.

Biblioteca de Mayo 1963, "Guerra de la Independencia", Tomo 14, *Edición Senado de la Nación: Buenos Aires*, pp. 12.563~12.565.

Bendix, Reinhard 1974, *Estado nacional y Ciudadanía*, Buenos Aires: Amorrortus Editores.

Benítez, Justo 1990, *Carlos Antonio López. Estructración del Estado Paraguayo*, Asunción: Carlos Schauman Editor

Benítez, Luis 1996, *Manual de Historia del Paraguay*. Asunción: Talleres Repográficos de VERCAM.

Billig, Michael 1995, *Banal Nationalism,* London: Sage Publications.

Bejarano, Ramon 1980, *Indigenas Paraguayos: Epoca Colonial*, Asunción: Editorial Toledo.

Brezzo, Liliana 2005, *Aislamineto, Nación e Historia en el Río de la Plata: Argentina y Paraguay. Siglos 18-20*, Rosario: UCA.

Cardozo, Efraín 1996, *Apuntes de la historia Cultural del Paraguay*, Asunción: El Lector.

------ 1996, *El Paraguay de la Conquista*, Asunción: El Lector.

Cardozo, Mauricio 2005, *Mundo Folklórico Paraguayo*, Asunción: Atlas.

Cardozo, Ramon 1970, *La Antigua Provincia de Guairá y la Villarica del Espíritu Santo*, Buenos Aires: Librería y Casa Editora.

Chaves, Juan 1968, *Descubrimiento y Conquista del Río de la Plata y el Paraguay*, Asunción: Ediciones Nizza, pp. 21~60.

Clasters, H. 1989 *Tierra sin Mal*, Asunción: Edición del Sol.

Creydt, Oscar 2011, *Formación Histórica de la Nación Paraguaya Pensamiento y Vida del Autor*, Asunción: Editorial Servilibro.

DGEEC 2004a, *Censo Nacional de Población y Viviendas Año 2002*, Fenando de la Mora: deeecpublicaciones.

------ 2004b, *Pueblos indígenas del Paraguay: II Censo Nacional Indígena de Población y Viviendad 2002*, Fenando de la Mora: deeecpublicaciones.

Durán Estragó 1998, "La colonizació", en Chase Shardi. M(eds.), *Cróica Históica Ilustrada del Paraguay I*, Buenos Aires: Distribuidora Quevedo.

Eriksen, Thomas 1993, *Ethnicity and Nationalism*, London: Pluto Press.

Gellner, Ernest 1983, *Nations and Nationalism*, Cornell University Press.

Freyre, Gilberto 1933, *Casa-grande y senzala*, Maia & Schmidt.

Godoy, Lucio 2004, "Reseña histórica del idioma guaraní", *Suplemento Antropologico*, Vol.34, No. 1, pp. 247-273.

González, Beatríz 1998, *Crónica Histórica Ilustrada del Paraguay I*, Buenos Aires: Distribuidora Quevedo, pp. 47~139.

Gonzalez Dionisio 1997, *Cultura Guarani*, Asunción: Editorial Litocolor

González, Natalicio 1996, *Proceso y Formació de la Cultura Paraguaya*, Asunción: El Lector.

Guevara, José 1886, *Historia del Paraguay, Río de la Plata y Tucumán*, Buenos Aires: Del Estado.

Hale, Charles 2005, Neoliberal Multiculturalism: The Remaking of Cultural

Rights and Racial Dominance in Central America, *PoLAR Political & Legal Anthropology Review*, Vol.28, No.1, pp. 10-28.

Harris, Erika 2009, *Nationalism: Theories and Cases Theories and Cases*, Plastics Design Library.

Hobsbawm, Eric 1992, *Nations and Nationalism since 1780: Programme, Myth, Reality*, Cambrige: Cambrige University Press.

Jones Siân 1997, The Archaeology of Ethnicity: Constructiing Identities in the Past and Present, London and New York: Routledge.(이준정 & 한건수 역 2008, 민족주의와 고고학: 과거 현재의 정체성 만들기, 서울: 사회평론.)

Kahle, Gunter 2005, *Orígenes y fundamentos de la conciencia nacional paraguaya*, Asunción: Instituto Cultural Paraguayo-Alemán.

Kleinpenning, Jan 2011, *Paraguay 1515-1870*, Asunción: Tiempo de Historia.

Lafuentes, Machain 1943, *Las Conquistadores del Rio de la Plata*, Buenos Aires: Ayacucho.

----- 2006, *El Gobernador Domingo Martínez de Irala*, Asunción: Academia Paraguay de la historia.

Martinez, Carlos 2005, *Nuestro Paisanos los Indios: Vida, Historia y destino de las Comunidades Indigenas en la Argentina*, Buenos Aires: Emecé Memoria.

Martínes, María 2010, "Importancia de la Lengua Guaraní en el Proceso de Inclusión Social," *Educación, Lenguas y Culturas en el Mercosur: Pluralidad cultural e inclusión social en Brasil y en Paraguay*, Rodrigues, Jose(ed), Asunción: CEADUC y CCEBA, pp. 146~158.

Massare, Olinda 2011, *La Instrucción Pública en la Epoca Colonial*, Asunción: CEADUC.

Morales, Gomez 1998, "Cultura Popular y Medios Masivos en e Paraguay", *Un Planteamiento Ético*, Asunción: Fundación en Alianza.

Meliá, Bartolomeu 1992, *La Lengua Guaraní el Paraguay*, Madrid: MAPFRE.

------ 1993, *El Guaraní Conquistado y Reducido*, Asunción: Centro Estudio Antropologíco de Universidad Catolica.

------ 1995, *Elogio de la Lengua Guaraní*, Asunción: CEPAG.

------ 1997, *Una nación dos cultura*, Asunción: CEPAG.

------ 2004, *La Lengua Guaraní en el Paraguay Colonial*, Asunción: Antonio

Guach.

------ 2010a *Pasado, Presente y Futuro de la Lengua Guaraní*, Asunción: CEADUC.

------ 2010b, "El Guaraní Jesuítico sin Jesuitas," *Educación, Lenguas y Culturas en el Mercosur: Pluralidad cultural e inclusión social en Brasil y en Paraguay*, Rodrigues, Jose(ed), Asunción: CEADUC y CCEBA, pp. 113～146.

------ 2012, "Intención e invención de la escritura con especial refrencia a los guaraníes," *Cuidadanía Democrática y Mulilingüismo: La construcción de la identidad lingüística y cultura del Mercosur*, Rodrigues, Jose(ed), Asunción: CEADUC y CCEBA, pp. 77～98.

Métraux, Alfred. 1946, *Indians of Gran Chaco: Ethnography of Chaco*, Washinton.

Morinigo, Marcos 1990, *Raí y destiono del guaraní*, Asunción: Universidad Catóica.

Montoya, Antonio 1996, *La conquista espiritual del Paraguay: hecha por los religiosos de la Compañla de Jesus en la provincias de Paraguay, Parana, Uruguay y Tape*, Asuncion: El Lector.

------ 2002, *Vocabulario de la Lengua Guaraní*, Asuncion: CEPAG.

------ 2011, *Tesoro de la Lengua Guaraní*, Asuncion: CEPAG.

------ 2011, *Arte de la Lengua Guaraní*, Asuncion: CEPAG.

------ 2011, *Catecismo de la Guaraní*, Asuncion: CEPAG.

Nickson, Andrew 1993, *Historical Dictionary of Paraguay*, London: The Scarecrow Press.

Pla, Josefina 1970, "Español y Guaraní en la Intimidad de la Cultura Paraguay", *Cahiers du monde hispanique et luso-brésilien*, Nº 14, pp. 7-21.

Rodríguez, José 2011, *La independencia del Paraguay no fue proclamada el 14 de Mayo de 1811*, Asunción: Editorial Servilibro,

Romanato Gianpaolo 2011, *Jesuitas, Guaraníes y Emigrantes en las Reducciones del Paraguay*, Asunción: CEADUC.

Romero, Roberto 1988, *Dr. José Gaspar Rodríguez de Francia: ideólogo de la independencia del Paraguay*, Asunción: A.R. Impr.

Rosaldo, Renato 1994, "Cultural Citizenship and Educational Democracy",

Cultural Anthropology, 9(3), pp. 402-411.

Ruiz, Guillermo 2020, El derecho a la educación: Definiciones, normativas y políticas públicas revisadas, Buenos Aires: Eudeba.

Papalardo, Conrad 1997, *Paraguay: Itinerario Constitucional. Anexo Constitución de 1992,* Asunción.: Ñanduti Vive e Internacional Editora.

Pavetti, Ricardo 2008, *La Intergración national del Paraguay(1780-1850),* Asunción: CEADUC.

Penner, Hedy 2005, "De la construcció del bilinüsmo nacional; el estudio de Joan Rubin de los añs sesenta," *Suplemento Antropologico,* Vol. XL, No 1, pp. 571-602.

------ 2012, "Efectos de la Escritura(liza)ción del Guaraní por y para no guaranihablantes," *Cuidadanía Democrática y Mulilingüismo: La construcción de la identidad lingüística y cultura del Mercosur,* Rodrigues, Jose(ed), Asunción: CEADUC y CCEBA, pp. 128~146.

Peralta, Estela 2012, "Diccionario diferencial del Paraguay: reflejo de la vida y espejo de la cultura nacional," *Cuidadanía Democrática y Mulilingüismo: La construcción de la identidad lingüística y cultura del Mercosur,* Rodrigues, Jose(ed), Asunción: CEADUC y CCEBA, pp. 199~222.

Pratt, Miguel y Pusineri, Carlos 2008, Billetes del Paraguay Asunción: Numismatica Independencia S.A.

Sanchez, Hipolito 1981, *Estructura y Funcion del Paraguay Colonia*l, Asunción: Casa America.

Scapini, Gloria 2012, "Ayvu vs. Ñe'ê: Los Mbya Guaraní y la lengua guaraní del Paraguay," Cuidadanía Democrática y Mulilingüismo: La construcción de la identidad lingüística y cultura del Mercosur, Rodrigues, Jose(ed), Asunción: CEADUC y CCEBA, pp. 99~118.

Schwerin, Karl 2011, "The Indian Populations of Latin America", Knippers, Jan ed. *Latin Americas, Its Problems and Its Promise: a Multidisciplinary Introduction,* Philadelphia: Westview Press.

Silva, Francisco 2008, "Noelli The Tupi Expansion", *The Handbook of South American Archaeology,* pp. 659-670.

Smith, Anthony 1998, *Nationalism and Modernism,* London: Routledge.

----- 2009, *Ethno-symbolism and Nationalism: A cultural approach,* London:

Routledge.

Susnik, Branislava 1982, *El Rol de los Indígenas en Formación y en la Vivencia del Paraguay Tomo I*, Asunción: Instituto Paraguayo de Estudio Nacionales.

Susnik, Branislava 1983, *El Rol de los Indígenas en Formación y en la Vivencia del Paraguay Tomo II*, Asunción: Instituto Paraguayo de Estudio Nacionales.

Techo, Nicolas 2005, *Historia de la Provincia del Paraguay de la Compañía de Jesús*, Asunción: Fondec.

Telesca, Ignacio 2009, *Tras los Expulsos: Cambio demográficos y territoriales en el Paraguay y después de la expulsión de los jesuitas*, Asunción: CEADUC.

Trinidad, Lino 2005, *Gran Diccionario Avañe'ẽ Ilustrado*, Asunción: Editorial Occidente.

Torres Servín, 2011 "La experiencia de educación bilingüe en el Paraguay", 『중남미연구』, 29(2), pp.107-134.

Vasconcelos, José 1925, *La Raza Cósmica: Misión de la raza iberoamericana.* Madrid: Agencia Mundial de Librería.

Vasconcellos, Victor 1970, *Resumen de Historia del Paraguay. Delimitaciones territoriales*, Asunción & Rio de Janeiro: Livraria Freitas Bastos.

Villar, Diego & Combès, Isabelle 2013, La Tierra sin Mal. Leyenda de la creación y destrucción de un mito, *Tellus*, No. 24, pp. 201-225,

Vellia, Maria 2005, *Aportes de Benjamín Velilla a la Historia del Paraguay*, Asunción: Edicione y Arte.

----- 2000, *Music, Race, and Nation: Música Tropical in Colombia.* Chicago: The University of Chicago Press.

Wade, Peter 1997, *Race and Ethnicity in Latin America.* London: Pluto Press.

Whigham, Tomas 2009, *Lo que el río se llevó: Estado y comercio en Paraguay y Corrientes, 1776-1870*, Asunción: CEADUC.

White, Alan 1989,, *La Primera Revolución Popular en América, Paraguay(1810-1840)*, Asución: Carlos Schauman Editor.

White, Richard & Thompson, Robert 1984, *La Primera Revolución Radical de América: la Rolítica Económica de la Independencia del Paraguay*, Asunción: Ediciones la República.

Wilde, Guillermo 2010, "Entre la Duplicidad y el Mestizaje: Prácticas Sonoras en las Misiones Jesuíticas de Sudamérica", *A Tres Bandas. Mestizaje, Sincretismo e Hibridación en el Espacio Sonoro Iberoamericano*, Ediciones AKAL.

Wolf, Eric 1982, *Europe and the People Without History*, Los Angeles: University of California Press.

Zanardini. José 2010, *Los pueblos indígenas del Paraguay*, Asunción: Editorial El Lector

[자료 및 웹사이트]

파라과이 국립문서보관소(Archivo Nacional de Asunción)

파라과이 문화청(http://www.cultura.gov.py/2011/08/articulos-de-la-constitucion-nacional)

파라과이 국회도서관(https://www.bacn.gov.py/leyes-paraguayas/2895/ley-n-4251-de-lenguas)

Uitimahora 기사, 2011년 5월 6일자, https://www.ultimahora.com/dos-siglos-amores-y-desamores-al-guarani-n426065.html(검색일 2014.02.22)

Hoy기사, 2014년 2월 22일자, http://www.hoy.com.py/nacionales/dia-nacional-del-terere-en-paraguay(검색일 2016.9.25.)

Guarani Continental 2016, http://www.icsoh.unsa.edu.ar/icsoh/wp-content/uploads/2017/04/mapa-guarani-continental-cuaderno-2016-es.pdf(검색일 2020.3.21.)

Nico Espinosa, https://nicoespinosa.com/2010/08/13/el-terere-es-paraguayo-peana-memby/(검색일 2016.9.25)

구경모

영남대학교 문화인류학과에서 학사와 석·박사(사회인류학 및 민속학 전공)을 마쳤다. 부산외국어대학교 중남미지역원 교수로 재직 중이며 남미 남부지역의 이민과 종족, 민족주의, 사회적 불평등에 관심이 있다. 주요 저서와 논문으로는 「과이라공화국, 또 하나의 파라과이: 유럽계 이민자와 과이레뇨의 종족성」, 「파라과이 민족 국가 형성에 있어 과라니어의 역할」, 「아르헨티나 거주 파라과이 이민자에 대한 차별과 통합의 한계」, 「남미공동시장과 역내국가의 종속과 갈등: 브라질계 대두농과 파라과이 소농의 사례」, 「라틴아메리카의 민족주의 경향과 분석틀에 관한 고찰」, 「파라과이 군부독재정권의 토지정책과 농민운동의 역사적 요인」, 등 다수가 있다.

기층문화와 민족주의:
파라과이 민족 정체성과 과라니 문화

초판인쇄 2020년 8월 14일
초판발행 2020년 8월 14일

지은이 구경모
펴낸이 채종준
펴낸곳 한국학술정보㈜
주소 경기도 파주시 회동길 230(문발동)
전화 031) 908-3181(대표)
팩스 031) 908-3189
홈페이지 http://ebook.kstudy.com
전자우편 출판사업부 publish@kstudy.com
등록 제일산-115호(2000. 6. 19)

ISBN 979-11-6603-056-7 93380